Eugen Hultzsch

Über eine Sammlung indischer Handschriften und Inschriften

Eugen Hultzsch

Über eine Sammlung indischer Handschriften und Inschriften

ISBN/EAN: 9783743698109

Hergestellt in Europa, USA, Kanada, Australien, Japan

Cover: Foto ©Andreas Hilbeck / pixelio.de

Weitere Bücher finden Sie auf **www.hansebooks.com**

Ueber eine Sammlung

indischer Handschriften

und Inschriften.

Von

E. Hultzsch.

(Separatabdruck aus der Zeitschrift der Deutschen Morgenländischen Gesellschaft Bd. XL.)

Leipzig 1886,

Druck von G. Kreysing.

Ueber eine Sammlung indischer Handschriften und Inschriften.

Von

E. Hultzsch.

Vorwort.

Der folgende Aufsatz behandelt einen Theil der Ergebnisse einer Reise nach Indien, welche ich am 1. Oktober 1884 von Triest aus auf dem Lloyddampfer „Titania“ antrat. Die Direction des Oesterreichisch-Ungarischen Lloyd hatte mir in Anbetracht des wissenschaftlichen Zweckes der Reise bereitwilligst für Hin- und Rückfahrt eine bedeutende Ermässigung des Fahrpreises gewährt, wofür ich ihr hierdurch öffentlich Dank sage.

Am 22. Oktober landete ich in Bombay. Die herrliche Lage, die prachtvollen öffentlichen Gebäude und das trachtenreiche Völkergemisch von Bombay sind oft geschildert worden. Den Neuling interessiren hauptsächlich die Höhlentempel von Elephanta, die Hindu-Colonie Valkeshvar und die mit einem Zinnenkranze von Geiern gekrönten „Thürme des Schweigens“, in denen sich der Staub des Parsi-Millionärs mit dem des Bettlers vermischt. In Elephanta sind kürzlich zwei Inschriften entdeckt worden. Die Buchstaben der einen von beiden, welche leider stark beschädigt ist, erinnern an die der Andhra-Inschriften. Hieraus darf man schliessen, dass die Höhlen von Elephanta ein höheres Alter besitzen, als gewöhnlich angenommen wird. In der Nähe des von Badeplätzen und Tempeln umgebenen Teiches von Valkeshvar liegt das Haus des gelehrten Dr. Bhagvanlal Indraji, der eine bedeutende Sammlung von Münzen, Inschriften und Manuscripten besitzt.

Nach einem Besuch des grossartigen Höhlentempels von Karle ging ich nach Puna, wo ich den scharfsinnigen Professor Bhandarkar und den ehrwürdigen Parsi-Priester Dastur Hoshang Jamasp kennen lernte. Von malerischer Wirkung war die Muḥarram-Procession, zu welcher sich die Muhammedaner von Puna vereinigt hatten.

Ueber Khandala nach Bombay zurückgekehrt machte ich einen längeren Abstecher nach der Halbinsel Kathiavar. In Surat wohnte ich einer Disputation mehrerer Shastris (darunter Martand und Vishvanath) über Grammatik, Philosophie und Astronomie bei und sah aus einiger Entfernung ein *caste-dinner*, bei welchem die Erben eines reichen Mannes angeblich 6000 Brahmanen beiderlei Geschlechtes gruppenweise bewirtheten; die Frauen erscheinen in Seide, die Männer ohne Obergewand. Mir Gulambaba und Saiyid Idruz besitzen Sammlungen persischer und arabischer Handschriften, der Bakhshi eine „Gallerie“ mit schlechten Bildern europäischer und orientalischer Fürsten. Mr. Dhruva führte mich in eine Versammlung beim Kazi von Rander ein, wo socialpolitische Reden in Hindustani gehalten wurden.

Der Richter Mr. Thakur, ein europäisch gebildeter Hindu, welcher unter Anderm des Griechischen und Deutschen kundig ist, zeigte mir Bharó'ch. Unter den Fresken eines modernen Tempels des alten *Bharukachchha* befand sich die Abbildung eines Eisenbahnzuges! Darstellungen englischer Soldaten sind in Indien sehr beliebt und werden neben Bildern aus den *Purâṇas* an den Aussenwänden der Häuser angebracht.

In dem *bullock-cart* des Ministers besichtigte ich die mit hohen Mauern umgebene Hauptstadt Vadhvan. Merkwürdig ist die Sammlung von Satî-Denksteinen und Palias oder Denkmälern gefallener Krieger. Erstere tragen einen im rechten Winkel gebogenen, zum Himmel erhobenen Arm, letztere die Abbildung eines bewaffneten Reiters.

In Bhaunagar, der aufblühenden Hauptstadt des gleichnamigen Staates, genoss ich die Gastfreundschaft des *Assistant Karbhari*, Mr. Vajeshankar, an welchen mich Herr Professor Bühler freundlichst empfohlen hatte. Mr. Vajeshankar besitzt eine Sammlung von Versteinerungen, Münzen und über 400 Inschriften. Mehrere der letzteren hat er selbst herausgegeben. Sein achtzigjähriger Vater, Mr. Gaurishankar, hat als Minister von Bhaunagar das in der Nähe der Stadt gelegene, grossartige Wasserreservoir gebaut und ist Verfasser eines Buches über *Vedânta* in Gujarati-Sprache. Unter den gelehrten Indern, welche ich in Mr. Vajeshankar's Hause traf, befand sich ein junger Mann Namens Bhavanishankar, der aus dem Stegreif Gujarati- und Sanskrit-Strophen singend vortrug und sich als Gujarati-Dichter einen Namen erworben hat. Die Hochschule von Bhaunagar steht unter der Leitung eines feingebildeten Parsi, Mr. Unvala, der, wie Mr. Thakur von Bharoch, Europa besucht hat. Bei einer Audienz, die mir der Thakor Takhtsinghji ertheilte, wurden von seinen Ministern *subhâshitas* vorgetragen und von dem Fürsten mit beifälligem Kopfnicken aufgenommen. Die öffentlichen Gebäude und Anlagen sind die Schöpfungen des begabten Ingenieurs Mr. Sims. Unter seiner Leitung steht auch das Gestüt des Fürsten, in welchem prächtige Kathiavar-Rosse gezüchtet werden.

Ein Hofwagen von Bhaunagar führte mich von der Station

Songarh nach **Palitana**, wo ich die gleiche gastliche Aufnahme fand. Der Minister Gopinath, Verfasser eines etwas phrasenhaften Buches über die „Regeneration of India", zeigte mir den Palast und die Ställe des Thakor Sursinghji. Der Fürst, welcher des Englischen nicht mächtig ist, ertheilte mir eine Audienz und stellte mir und zwei französischen Reisenden Träger, welche uns auf den von einem Labyrinth von Jaina-Tempeln gekrönten Berg Shatrunjaya beförderten.

In der Station Dhola erwarteten mich ein Neffe und ein Beamter des Thakor von **Vala** und luden mich ein, das alte *Valabhî* zu besuchen. Bisher hat man nur die Grundmauern einiger Häuser blossgelegt. In dem Bureau des Staates sah ich einige Münzen und zwei im Jahre 1884 gefundene, unvollständige Schenkungsurkunden, eine erste Tafel, deren *vaṃśâvali* bis Dharasena IV. reicht, und die zweite Tafel einer Urkunde des Dharasena IV. selbst.

Ueber Ahmedabad nach Bombay zurückgekehrt fuhr ich nach Nasik Road und verbrachte eine genussreiche Woche in dem reizenden **Nasik**, das durch die berühmten buddhistischen Höhlen des fünf englische Meilen entfernten Berges Trimśmi, durch seinen Reichthum an gebildeten Brahmanenfamilien, durch die bunten Scharen der Pilger, welche die mit Tempeln bedeckten Ufer der Godavari und die umliegenden Büsserhaine beleben, und durch sein gemässigtes Klima jedem anderen Wallfahrtsort der Hindus voransteht. Einen schönen Ueberblick über die heiligen Badeplätze und die Tempel hat man von dem Hause des Mr. Raghuji, der mir die Sehenswürdigkeiten der Stadt und der Umgebung zeigte. Die Sanskrit-Schule steht unter dem gelehrten Sadashiv Shastri, dessen Schüler Proben ihres *pâṇḍitya* zum Besten gaben. In der *English School* und der *Native School* trugen einzelne Knaben schwermüthige, aber nicht unmelodische Gesänge in Marathi vor. In der *Vernacular School* recitirten vier Knaben ein kurzes Drama in Sanskrit, ohne es zu verstehen, mit vielem Pathos und lebhaften Gesten.

Von **Jabalpur** aus besuchte ich den Madan Maḥall, eine zwischen wilden Felsblöcken gelegene Ruine mit schöner Aussicht.

Ein einmonatlicher Aufenthalt in **Benares** wurde mir durch Krankheit verleidet. Einen wahren Freund gewann ich in einem Schüler des Professors Rama Mishra Shastri, dem jungen Brahmanen Bhagavatacharya, der mit gründlicher Gelehrsamkeit ein unbefangenes Urtheil und eine ernste Wahrheitsliebe, zwei bei seinen Landsleuten seltene Tugenden, verbindet. Unvergesslich wird mir ein Besuch bei einem anderen edlen Manne bleiben, der wenige Tage darauf verschied. Dies ist der treffliche, fruchtbare Hindi-Dichter Babu Hariśchandra. Seine Werke werden unter seinen Stammesgenossen, die ihn tief betrauern, fortleben. In Pandit Dhundhiraj, dem Bibliothekar von Queen's College, besitzt Benares einen indischen Astronomen, welcher die Resultate der europäischen Astronomie zu verwerthen versteht.

Calcutta besitzt einen reichen Schatz von Inschriften im *Indian Museum*, wo die Steininschriften, und in der *Asiatic Society*, wo die Kupfertafeln aufbewahrt werden. Viele derselben verdienen neu gelesen zu werden, da sie nur von Leuten wie Babu R. Mitra veröffentlicht worden sind. Lehrreich ist ein Besuch des *Survey Office*, in welchem Inschriften, Karten und Zeichnungen im grossen Massstabe photozincographirt werden. Der Raja Sourindro Mohun Tagore patronisirt, wie bekannt, die indische Musik durch Veröffentlichungen und Concerte. Das *Sanskrit College* steht unter der Leitung des Pandit Mohesh Chander. Mit dem letzteren besuchte ich die sogenannten *Tols* in Samnagar und Bhatpara, wo der Sanskrit-Unterricht ganz in der Weise der grauen Vorzeit ausgeübt wird. Pandit Haraprasad in Bhatpara besitzt eine schöne Sammlung von Palmblatthandschriften in Bengali-Schrift. Eine Vorlesung des Mr. N. N. Ghose über „Reforms in Hindu Society" im „Sovabazar Debating Club" gab mir Gelegenheit, den anglisirten *Bengali Babu* kennen zu lernen. Die sehr lebhafte Debatte bewegte sich besonders um die Wiederverheirathung der Wittwen. In Calcutta giebt es zwei bengalische und ein Parsi-Theater, in welchem „Opern" mit Hindustani-Text und indischen Melodieen aufgeführt werden; auch die Frauenrollen sind mit Männern besetzt.

Ueber Patna, Benares, Allahabad, Lakhnau und Agra reiste ich nach Gwalior. Die von den Engländern garnisonirte Felsenfestung enthält aus dem Felsen gearbeitete Kolossalfiguren von Tirthankars, Tempel, Inschriften und Paläste. Leider hat der muhammedanische Zelotismus die meisten Hindu-Denkmäler zerstört oder verstümmelt. Die am Fusse des Felsens gelegene Stadt Lashkar ist die Residenz des Scindiah. Hier wurden die Vorbereitungen zu dem indischen Carneval, der *holî*, getroffen, bei welcher sich die Leute mit rothem Farbstoff zu bespritzen pflegen. Das bunte Gewimmel der Bürger und Krieger zu Fuss und zu Pferd, der Elephanten, Reitkamele und *bullock-carts* verleiht dieser echt indischen Hauptstadt ein märchenhaftes Aussehen.

Weiter fuhr ich über Dholpur und Agra nach Mathura und von dort durch den von Pilgern und Affen erfüllten Bazar nach Bindraban, einem wenig Alterthümliches bietenden, an der Yamuna gelegenen Wallfahrtsort. Gegenüber dem Badeplatz sonnte sich ein grosses Krokodil auf dem Sande.

Ueber Aligarh und Delhi erreichte ich Amritsar, die Metropole der merkwürdigen kriegerischen Sekte der Sikhs. Man kann sich kaum einen schärferen Gegensatz denken, als den zwischen dem dunklen, schwächlichen, schüchternen, kahlgeschorenen, nur Schnurrbart tragenden Hindu und dem hellfarbigen, muskulösen, trotzigen, langharigen und langbärtigen Sikh. In dem „Goldenen

Tempel" (*darbâr sâhib*), welcher inmitten eines Teiches angelegt ist, liegt das heilige Buch (*granth sâhib*), über welchem beständig ein Pfauenwedel bewegt wird. Rings um den Teich lagern predigende und betende Sikhs.

In Lahore befindet sich das Mausoleum des Ranjit Singh († 1839). Um die Urne dieses Fürsten herum sind dreizehn andere gestellt. Sie erinnern an vier Königinnen und sieben Sklavinnen, die sich mit ihm verbrannten, und an zwei Tauben, die zufällig in die Flammen des Scheiterhaufens fielen.

Am 10. März 1885 erreichte ich Raval Pin'di, die Eisenbahnstation für Kashmir. Da ich vor Einbruch des Monsuns die Heimreise antreten wollte, war ich gezwungen, die beabsichtigte Tour nach Kashmir, — zu welcher mir die Königliche Akademie der Wissenschaften zu Berlin auf Verwendung des Herrn Professor Weber 1350 Mark bewilligt hat, — in grosser Eile und bei ungünstiger Witterung auszuführen.

Von Raval Pindi kann man den Postwagen bis nach Mari, einer reizend gelegenen Sommerfrische, benutzen. Das Hotel und die Strassen von Mari waren noch ganz verschneit.

Die Strecke von Mari bis Bâramûla im Thale von Kashmir legte ich, von einem Diener und drei Kulis begleitet, teils zu Pferd teils zu Fuss in sechs Tagen zurück. In Entfernungen von je zehn bis fünfzehn englischen Meilen sind Ruhehäuser erbaut, die freilich auf kashmirischem Gebiet Alles zu wünschen übrig lassen. Bis zur letzten englischen Station, Kohala, ist die Strasse gut, dann aber um so schlechter und furchtbar abschüssig, oft in schwindelnder Höhe über dem schäumenden Jhelum dahinführend.

Auf dem Wege nach Rampur musste ich im Dunkel der Nacht unterhalb einer kurz vorher gefallenen Lawine am Abhang hinklettern. Vor Rampur passirte ich einen verfallenen, hinter Rampur einen gut erhaltenen kashmirischen Tempel. In Baramula rettete ich mich vor der lärmenden Schar der Bootleute, Kaufleute, Jäger, Köche und Diener, die in der „Einbruchstation" den „Sahibs" ihre Dienste anzubieten pflegen, auf eines der aus Deodar gezimmerten, mit Stroh gedeckten Boote, welche das gewöhnliche Beförderungsmittel in dem von Kanälen durchzogenen Thale von Kashmir bilden.

Die Fahrt bis zur Hauptstadt Shrinagar war trotz der frühen Jahreszeit reich an schönen Landschaftsbildern. Besonders grossartig bot sich das Rund der bis zum Fuss mit jungfräulichem Schnee bedeckten Alpen von der Mitte des grossen, von Wildenten (*batak*) belebten Vullor-Sees dar. In dem See wächst eine merkwürdige Wasserpflanze (*singhâḍâ*) mit stachligen Früchten, deren Kerne essbar sind. Während in den Bergen Nadelholzbäume (*dêodâr* und *chîr*) überwiegen, bringt die Ebene prächtige Platanen (*chinâr*) hervor. Der Bast der kashmirischen Birke (*bhûrja*) wurde früher zu Büchern benutzt. Noch jetzt wird das *bhûrjapattra* statt des Papiers zu Notizen und zum Einwickeln verwendet. Kashmir producirt Rothwein (*lâl sherâb*), Weisswein (*safêd sherâb*) und Cognac (*brandy*). Südlich vom Himalaya wird in Mari und Jamu Bier nach englischem Muster gebraut. In Shrinagar verfertigt ein eingeborener Kaufmann kohlensaures Wasser (*vilâyeti pânî*). Rindfleisch ist in Kashmir nicht zu beschaffen, da der Maharaja als orthodoxer Hindu das Schlachten von Rindern in seinem Reiche verboten hat. Die Bewohner von Kashmir sind ein hellfarbiger, schöner, kräftiger, arbeitsamer und intelligenter Menschenschlag. Ihre Verlogenheit und Feigheit ist gewiss zum Theil auf Rechnung der orientalischen Missregierung zu setzen. Die Männer kleiden sich in graue Mäntel, die Frauen in weite Beinkleider und Aermeljacken. Jeder Brahmane trägt das *yajñopavîta* über der linken Schulter. Wie im englischen Gebiet, versteht in Kashmir Jedermann etwas Hindustani, und diese *lingua franca* wird vielleicht trotz aller gegentheiligen Bestrebungen der britischen Regierung neben dem Englischen die Zukunftssprache von Indien werden. Mit einem arabischen oder persischen Lehnwort kommt man auch in Bombay und Calcutta weiter, als mit einem schwerfälligen *tatsama*.

Shrinagar, das ich am 19. März erreichte, liegt an beiden, durch mehrere Holzbrücken verbundenen Ufern des Jhelum und besteht aus mehrstöckigen Holzhäusern, deren Dach mit Gras bepflanzt ist. Die Strassen sind eng, holprig und schmutzig. Der Jhelum selbst bildet die Hauptverkehrsader. Ueberragt wird die Stadt von dem Fort Hariparvat und dem Takht-i Suleimân, welcher auf seiner felsigen Spitze einen Hindu-Tempel trägt. Die Ufer des nördlich von Shrinagar gelegenen, von Wasservögeln wimmelnden Ḍal-Sees sind durch schöne Gartenanlagen, Shâle Bâgh, Nishâde Bâgh und Cheshme Shâhî, geziert. In Gopekâr befindet sich die Weinpresse des Maharaja. Von der ausgedehnten Ruine Perî Maḥall geniesst man einen schönen Ueberblick des Sees und der Stadt. In dem oberhalb Shrinagar gelegenen Harisingh Bâgh wies mir der Munshi des Maharaja eine Wohnung an. Da der Divan Lakshmandas meiner Absicht, Handschriften zu kaufen, seine Unterstützung versagte, musste ich die verkauflustigen Pandits im Geheimen durch meine Bootleute herbeirufen lassen. Meine Hauptagenten waren Paṇḍit Dâmodar, Sohn des verstorbenen Sâhebrâm, Paṇḍit Devarâm Sohn des Dayârâm, und die beiden Paṇḍits Mâdhavachandra und Mukundarâm. Die beiden letzten zeigten sich verhältnissmässig ehrlich und verlässlich, während die grössere Gelehrsamkeit der beiden ersten mit entsprechender Falschheit und Geriebenheit gepaart war. Alle Kaufverhandlungen wurden in Sanskrit geführt. Ein junger Brahmane Namens Lambodar, der etwas Englisch verstand, machte sich durch Beschaffung von Münzen und Handzeichnungen und als Führer zu den Sehenswürdigkeiten nützlich. In Folge eines von Jamu eingetroffenen Befehles des Maharaja wurden am 26. März alle Pandits, welche mein Haus verliessen, von der Polizei arretirt und ihnen ihre Handschriften abgenommen. Ich beschwerte mich darüber brieflich bei dem *Political Agent* in Sialkot, Colonel St. John, dem ich auf Grund eines Empfehlungsbriefes des Herrn Dr. Rost von dem Lieutenant-Governor des Panjab empfohlen war, und trat am selben Abend eine Bootfahrt nach Islamabad oder Anatnag an.

Der verschüttete grosse Tempel des *Avantiśvara* in Avantipur harrt noch immer seiner Auferstehung. Ebenso würden vielleicht systematische Ausgrabungen zwischen dem Berge Chakdhar und Bîjbihâra lohnen, wo einzelne Steine alter Tempel am Wege liegen. Die vier mit Reliefiguren versehenen Eckpfeiler einer Moschee von Bijbihara gehörten ebenfalls ursprünglich zu einem Hindu-Tempel. In der Nähe eines oberhalb der Stadt gelegenen modernen Tempels unter einem *chinâr* liegt ein *chauk*, in dessen Mitte ein Linga und Hanumat aufgestellt sind; in die Rück- und rechte Seitenwand dieses *chauk* sind mehrere alte Reliefs eingemauert. Die „Pandits", von denen keiner Sanskrit verstand, verkauften mir zahlreiche Kupfermünzen (*purâṇê paisê*) des Kanerki und der Hindu-Könige von Kashmir, sowie eine des Azilises. Einer der Pandits bat mich um etwas Cognac „für einen Kranken".

Islâmâbâd besitzt zwei heilige Fischteiche und zwei Mineralquellen, welche Anatnâg heissen. Die Tempel in Bhâvan, Bhumzu und Maṭan, welche ich zu Pferd besuchte, sind den Archaeologen bekannt. An zwei anderen Orten, die ich auf Rath der Eingeborenen berührte, konnte ich nichts sehr Alterthümliches entdecken; Achibal besitzt Teiche und eine Ruine, Ashmukâm eine Wallfahrtskapelle (*ziyârat*), unterhalb welcher eine *mêlâ* abgehalten wurde. Nach einem Besuch des im Wasser stehenden Tempels von Pândrethân kehrte ich am 1. April nach Shrinagar zurück.

Dort hatte sich die Lage zu meinen Gunsten geändert. Colonel St. John theilte mir telegraphisch[1] mit, dass er meinethalben an die Kashmirischen Behörden telegraphirt habe, und die Pandits stellten sich wieder mit Handschriften ein. Der Divan sandte mir seinen Beamten Balakram, um mir den Palast des Maharaja, die Tempel und das Fort zu zeigen, und erlaubte mir, auf dem Dal Enten zu schiessen. Was während meiner Abwesenheit von Shrinagar vorgefallen war, geht aus einem Briefe des Pandit Devaram hervor, den ich unverändert abdrucke.

---

1) Das Telegramm brauchte von Sialkot bis Shrinagar zwei Tage, da die Leitung über den Pir Panchâl durch Schneemassen unterbrochen war.

साहिबान्प्रति पत्रिका देवरामशास्त्रिणः ॥

श्रीमच्छ्रीसाहिबवरा जयंतु । भवद्भृत्यसकाशाद्भवदागमनवार्ता श्रुता । पत्रिका प्रेषिता भवतु । इहत्यवार्ता चेत्थं । एकोदिने श्रीबाणलक्ष्मणदास[1]समीपे पण्डितवरपण्डितदयारामो[2] गतः स्वकार्यार्थं । तं च दूरादेव दृष्ट्वा लक्ष्मणदासेनोक्तं । आगम्यतां दयाराम इति । तत्समीपे चोपविश्य सभायां पण्डितदयारामं प्रति कथितं । अयमेव धर्मो भवता यत्साहिबसमीपे गत्वा स्वधर्मच्युतिः कृतेति द्वित्रिवारमुक्तं । प्रत्युक्तं । मदध्यक्षेण केनचिद्देवरामाभिधेन द्वित्रिपुस्तकानि नीतानि दर्शनार्थं लेखनार्थं चेति न तु क्रयविक्रयार्थमिति । श्रीबाणोक्तिः । कस्य शास्त्या तत्र गमनं कृतमिति । दयारामेणोक्तं । पूर्वं श्रीमहाराजसाहिबैर्वयं प्रेषिता[3] इत्यतः का क्षतिरस्माकमिति श्रुत्वा मौनमेवाश्रितमिति ॥ अद्य च श्रुतं । महाराजशास्तिपत्रं प्राप्तं श्रीबाणलक्ष्मणदाससमीपे । निरोधो गमागमे कार्यः पण्डितानां । यज्जातं तज्जातमेवेति तावदास्तामिति श्रुता शासनपत्रवार्ता ॥ पुस्तकानि च तावत्पुलीस[4]समीपे एव वर्तंते । दामोदरस्तत्पुत्रश्च[5] यदि भवत्समीपे प्राप्स्यति तदा तस्मै शिक्षा देया न पण्डितदयारामस्याक्षेपो देयो भवद्भिः । ते च प्रतिगेहमागत्य दयाराममाक्षेपयन्ति इत्येतदर्थं भवत्सु प्रार्थना । अन्यथा यादृशो दण्डो कुपितस्तेषां तादृशमेव करिष्यति[6] ॥ पुस्तकसंचयश्च कृतो भवदर्थं । भवद्दर्शनपत्रिकानन्तरं सन्निवेश्य दास्यामः यत्र गत्वा पुस्तकानि दास्यामः । भवत्पत्रिकादर्शनानन्तरं प्रातर्लेखयिष्यामः ॥

इति देवरामशास्त्री ॥

---

1) Divân Lakshmaṇdâs, der Gouverneur von Kashmir.

2) Dayârâm, der Vater des Schreibers Devarâm.

3) Dies bezieht sich auf die Zeit von Bühler's Anwesenheit in Shrinagar im Jahre 1875

4) Englisch *police*.

5) Dem Sohne des Dâmodar, Mahânand, musste ich wegen ungebührlichen Benehmens die Thür weisen, was nicht ohne günstige Wirkung auf den Vater blieb.

6) Das Subject fehlt.

दामोदरवार्तापि राज्ञो विदितैवेति तस्य यात्रां प्रतिषेद्धुमक्ष-
दाक्षेप इति ॥

Leider musste ich nun an die Rückreise denken. Ein längerer Aufenthalt in Shrinagar, wo ich im Ganzen nur zwei Wochen verweilte, würde noch manchen guten Handschriftenkauf möglich gemacht haben. Ob die Behauptung der Pandits, der Maharaja habe alle erreichbaren Handschriften nach seiner Hauptstadt Jamu in Sicherheit gebracht, auf Wahrheit beruht, kann ich nicht entscheiden. Historisch wichtige Steininschriften oder Kupfertafeln habe ich trotz fortwährender Erkundigungen nicht auftreiben können. Ein beabsichtigter Ausflug nach Khunmoh, um die dortigen Inschriften[1] zu copiren, scheiterte an der Ungunst der Witterung. Eine *S'âradâ*-Inschrift, die mir einer der Pandits in Bijbihara, aus Furcht vor der Polizei unter seinem Mantel versteckt, in mein Boot brachte, ist ein unleserliches Bruchstück. Auf dem Kirchhof bei Hariparvat befindet sich eine Grabschrift in *S'âradâ*-Charakteren mit dem Datum:

सं ६० श्रा वति प्र शुक्रे । महमद्शाहराज्ये ॥

Muḥammad Shâh regierte nach Newall[2] von 1487 bis 1537. Wenn man annimmt, dass der Regierungsantritt jenes Fürsten um einige Jahre zu spät angesetzt worden ist, so erhält man für *saṃvat* 60 das Jahr 1484 n. Chr. Eine astronomische Berechnung des Wochentages (Freitag der erste der dunkeln Hälfte des *s'râvaṇa*) könnte zur Controle des von Bühler angegebenen Anfangstages der Saptarshi-Aera dienen.[3] Von demselben Gesichtspunkt aus ist das Datum einer *Bhûrja*-Handschrift, No. 88 meiner Sammlung, von Wichtigkeit;

संवत् २४ कार्तिक वति त्रयोदश्यां बुधे ॥ श्रीशाकः १५७० ॥

S'aka 1570 und *saptarshi* 24 entsprechen beide dem Jahre 1648 nach Chr. Der Wochentag ist Mittwoch der dreizehnte der dunkeln Hälfte des *kârttika*.

Am 8. April Abends 10 Uhr verliess ich per Boot Shrinagar und fuhr am nächsten Morgen in den reizenden See von Mânasbal ein. Der Einfahrt gegenüber stürzt ein kleiner Wasserfall zu beiden Seiten eines Felsens herab. Vor diesem ragt die Spitze des mehrfach beschriebenen Tempels aus dem See hervor.[4] Von

---

1) Siehe Bühler's Kas'mir Report, p. 5.

2) Siehe Journal As. Soc. Bengal, XXIII, 417. 422. Vgl. auch XLVIII. 1, 283.

3) Kas'mir Report, p. 59 f.

4) Nur zwei Drittel des von Cowie (Journal As. Soc. Bengal, XXXV, plate XIX) abgebildeten Theiles waren über dem Wasser sichtbar.

dem Gipfel des östlich vom See gelegenen, weithin sichtbaren Berges warf ich einen letzten Scheideblick auf Shrinagar, Hariparvat und Takht. Die Aussicht von diesem kashmirischen Rigi auf die Ebene, die Seen, die Wasseradern und das Gebirgsrund ist bezaubernd. In die über die Schleusse führende Brücke bei Sambal sind zahlreiche Steine eines Hindu-Tempels eingemauert, einige mit Reliefiguren.

Am Abend des 9. April traf ich in Bâramûla ein und trat am folgenden Morgen mit sieben Mann Begleitung den Rückmarsch nach Mari an. Die Strasse war durch Schneeschmelze und Regen stark beschädigt. Zwischen Gharri und Chatter war sie gänzlich unwegsam, so dass wir über das Gebirge marschiren mussten. Nach einem elenden Nachtquartier in dem einzigen Wohnraume eines Bauernhauses hatten wir vor Chatter wiederholt bis zur Hüfthöhe im Bett eines Gebirgsbaches zu waten, ein Umstand, der mich mit Bangigkeit für meine auf den Köpfen der Kulis schwebenden Handschriften und anderen Habseligkeiten erfüllte. Am selben Abend erreichte ich bei Hagelwetter Mari und am folgenden Tage, dem 14. April, Raval Pindi, von wo ich mit dem Nachtzug nach Lahore weiterfuhr.

Nach einem kurzen Aufenthalt in der reizenden, kleinen Residenz Alvar besuchte ich Jeypur. In dieser schönen, reinlichen Hauptstadt bewundert man die herkulischen Gestalten und geschmackvollen Trachten der Söhne und Töchter von Rajputana, welche während der kühleren Nachmittagstunden zu Fuss, zu Pferd, zu Wagen und auf *bullock-carts* in den ausgedehnten „Râm Nivâs Gardens", dem schönsten Garten Indiens, dem *havâ khânâ* obliegen. Zu Wagen und auf Elephanten gelangt man in den Palast von Ambêr, der einen schönen Ueberblick über die Reste der alten Hauptstadt gewährt.

Von der Station Abu Road ritt ich auf den Berg Àbû und besuchte die Jaina-Tempel von Dailvara, jene Triumphe der Marmortechnik. Der auf dem Berge gelegene, von tiefschwarzen Felsen umrahmte, stille See, von der untergehenden Sonne purpurn gefärbt und von dem orangefarbigen Himmel überwölbt, bot einen unvergleichlichen Anblick.

Am 24. April traf ich wieder in Bombay ein. Denjenigen Europäern, deren Gastfreundschaft ich in Indien genossen habe, rufe ich aus der Ferne ein herzliches Wort des Dankes zu. Es sind dies *the Hon. R. West,* Bombay, dem mich Herr Professor Bühler gütigst empfohlen hatte, *Mr. G. M. Macpherson,* District Judge, Surat, *Mr. E. Fulton,* Acting Judge, Nasik, und *Dr. R. Hoernle,* Calcutta. Zu besonderem Dank bin ich dem Agenten des Lloyd in Bombay, Herrn *J. Janni,* für Aufbewahrung meiner Sammlungen und Bücher bis zur Abreise verpflichtet. Auf dem Lloyddampfer „Medusa" verliess ich Indien am 2. Mai 1885 und erreichte Triest am 24. desselben Monats.

I. Handschriften.

Zur genauen Durchsicht meiner Sammlung von Handschriften hat mir bisher die Zeit gefehlt. Das folgende Verzeichniss ist daher nur als ein vorläufiges zu betrachten. Dass in der Sammlung, namentlich in der Abtheilung *Jyotisha*, sich manches Werthlose befindet, liegt daran, dass ich einen Theil der Handschriften in grösseren Partieen erworben habe. In Bezug auf die Jaina-Handschriften bemerke ich, dass bei einigen derselben die Jahreszahl aus der Vorlage abgeschrieben zu sein scheint.

I. Veda.

1. Âraṇyagâna. 103 Bl. sam. 1827.
2. Âśvalâyana Gṛihyasûtra. 47 Bl. śak. 1666.
3. Âśvalâyana[śrauta]sûtravṛitti. Verf. Nârâyaṇa. Bl. 53—152. sam. 1798. Erstes Drittel fehlt.
4. Utsarjanopâkarmaprayoga. 16 Bl. sam. 1808.
5. Utsarjanopâkarmaprayoga. 9 Bl. sam. 1833.

6 a. Kaivalyopanishad. (Atharvaṇavede.)
6 b. Kaivalyopanishaddîpikâ. 9 Bl.

7. Gṛihyasûtra. [Pâraskara.] 15 Bl. Reicht bis II, 11, 1.
8. Gṛihyasûtrapaddhati. 21 Bl. sam. 1789.
9. Gopîchandanopanishad. (Atharvavede.) 4 Bl. śak. 1672.
10. Charaṇavyûha. 3 Bl. sam. 1818, śak. 1683.

11a. Taittiriyabrâhmaṇa I. 105 Bl. [sam.] 1707, viśvâvasu.
11b. Taittiriyabrâhmaṇa II. 115 Bl.

12. Taittiriyopanishadbhâshya. Verf. Sâyaṇâchârya. 168 Bl.
13. Pâṇinîyaśikshâ. 8 Bl.
14. Pârvaṇaśrâddhapaddhati. (Âśvalâyana.) 30 Bl. sam. 1876, śak. 1741.
15. Pârvaṇaśrâddhaprayoga. 9 Bl.
16. Baudhâyana Dharmaśâstra. 33 Bl.
17. Maṇḍalabrâhmaṇa. 11 Bl.
18. Yajñopa[vîtapaddhati?]. 13 Bl.
19. Yâjñavalkyaśikshâ. 14 Bl. Kaśmîrî Nâgarî.

20 a. Vâjasaneyasaṃhitâ I—XX. 130 Bl. sam. 1659.
20 b. Vâjasaneyasaṃhitâ XXI—XL. 79 Bl. Datum verwischt.

21. Vâjasaneyasaṃhitâ I—XX. 168 Bl. sam. 1815, śak. 1680.
22. Vâjasaneyapadasaṃhitâ. 221 Bl. sam. 1656, śak. 1521.
23. Vi[vâhakarman?]. 43 Bl.
24. Śrâddhakalpasûtra. Verf. Kâtyâyana. 5 Bl.

II. Purâṇa.

25. Agastyasaṃhitâ. 71 Bl. sam. 1701.
26. Adhyâtmarâmâyaṇa. 176 Bl. sam. 1889.
27. Apâmârjanastotra. (Karmavipâke.) 8 Bl. sam. 1704.

28. Utpalâraṇyamâhâtmya. (Brahmasaṃhitâyâm.) Bl. 1. 2. 15–28—71. Unvollständig.
29 a. Kâśîkhaṇḍa. (Skandapurâṇe.)
29 b. Kâśîkhaṇḍaṭîkâ. Verf. Râmânanda. 413. 251 Bl. Die Hälfte ist im Jahre vilamba datirt.
30. Gaṅgâmâhâtmyâni. (2 aus dem Mahâbhârata, 5 aus Purâ 26 Bl. Unvollständig.
31 a. Gajendramoksha.
31 b. Saptaślokî. (Bhâgavate.) 13 Bl.
32. Gayâmâhâtmya. (Vâyupurâṇe.) Bl. 1. 5—19. 21—27. 30–41. 42. sam. 1796, śak. 1660. Unvollständig.
33. Garuḍapurâṇa. 81 Bl. Von 105—273 paginirt; unvollstä
34. Taḍâgavidhi. (Matsyapurâṇe.) 17 Bl. sam. 1842, śak. 1
35. Tîrthasaṃgraha. Verf. Sâhebrâm. 29 Bl. Śâradâ.
36 a. Devîmâhâtmya. (Mârkaṇḍeyapurâṇe.)
36 b. Saptaśatîvyâkhyâna. Verf. Nâgojîbhaṭṭa. 82 Bl. sam. 1
37. Devyâḥ Kavacham, Argalâstuti und Kîlaka. 8 Bl.
38. Nâsiketopâkhyâna. 22 Bl. sam. 1885.
39. Padmapurâṇa. Bl. 2—32. 34—152. Unvollständig.
40. Bhâgavatapurâṇa. 193. 231 Bl. sam. 18. Śâradâ. Bh Anfang beschädigt.
41. Bhâgavatasaṃdarbha. 22. 13 Bl. Skandha I. II.
42. Mâghamâhâtmya. (Vâyupurâṇe.) 106 Bl. śak. 1799.
43. Râmâśvamedha. (Padmapurâṇe.) 231 Bl. sam. 1853.
44. Lakshmînṛisiṃhakavacha. (Prahlâda.) 4 Bl.
45. Lalitâsahasranâman. (Brahmâṇḍapurâṇe.) 56 Bl. Blatt 9 f
46 a. Vishṇusahasranâman. (Śântiparvaṇi.)
46 b. Vishṇusahasranâmavivṛiti. Verf. Śaṃkarâchârya. 84 sam. 1809.
47. Vishṇusahasranâmabhâshya. Verf. Śaṃkarâchârya. 44 Von 2—53 paginirt; unvollständig.
48. Śivapurâṇa. Bl. 1—92. 30—147.

III. Kâvya.

49 a. Aparâdhasundarastotra. Verf. Śaṃkarâchârya.
49 b. Aparâdhasundarastotraṭîkâ. 7 Bl. sam. 1894, śak. 17
50. Amaruśatakaṃ saṭîkam. 7 Bl. Strophe 1—43.
51 a. Ânandalaharî.
51 b. Ânandalaharîṭîkâ. Verf. Gaurîkânta. Bl. 1. 6—48. Un ständig.
52. Karṇâmṛitastotra. Verf. Lîlâśuka Bilvamaṅgala. 13 Bl.
53 a. Kirâtârjunîya. Verf. Bhâravi.
53 b. Kirâtârjunîyaṭîkâ. Verf. Jonarâja. Bl. 5—157. Śâ Bhûrja. Anfang fehlt.
54. Kumârasaṃbhava. Verf. Kâlidâsa. 117 Bl. Sarga I—V

55. Kumârasaṃbhava. Verf. Kâlidâsa. 62 Bl. I—VII. Blatt 58, 59 fehlen.
56 a. Kumârasaṃbhava. Verf. Kâlidâsa.
56 b. Kumârasaṃbhavavivṛiti. Verf. Vallabhadeva. 39 Bl. Śâradâ. I—VII.
57. Khaṇḍapraśasti. 7 Bl. Blatt 6 fehlt.
58. Gaṅgâlaharî. Verf. Jagannâtha. 11 Bl. sam. 1856.
59 a. Gaṅgâlaharî. Verf. Jagannâtha.
59 b. Gaṅgâlaharîṭîkâ. Verf. Dalapatirâma. Bl. 1—4. 6—12. 27—29. sam. 1896, śak. 1761. Unvollständig.
60 a. Gîtagovinda. Verf. Jayadeva.
60 b. Gîtagovindaṭîkâ. Verf. Nârâyaṇa. 73 Bl. sam. 1705.
61. Ghaṭakarparakâvyaṃ saṭîkam. Bl. 1—3. 5—8. 10—14. sam. 1726. Unvollständig.
62. Chittasaṃtoshatriṃśikâ. Verf. Nâgadeva. 5 Bl. Śâradâ. Blatt 1 fehlt.
63. Darpadalana. Verf. Kshemendra Vyâsadâsa. 19 Bl. Śâradâ.
64. Nalachampû. Verf. Trivikrama. Bl. 293 – 399. Śâradâ. Bhûrja.
65. Nalachampû. Verf. Trivikrama. 73 Bl. Bricht in uchchhvâsa V ab.
66. Naishadhîyacharita. Verf. Śrîharsha. 62 Bl. Bengâlî. Tâla. Unvollständig.
67 a. Naishadhîyacharita. Verf. Śrîharsha.
67 b. Naishadhîyacharitaṭîkâ. Verf. Narahari. 405 Bl. Śâradâ. Unvollständig.
68. Bilvamaṅgala. Verf. Bilvamaṅgala. Bl. 23 — 28. Śâradâ. Bhûrja. Nur Schluss.
69. Bhâminîvilâsa. Verf. Jagannâtha. 10 Bl. sam. 1878.
70. Mahimnaḥstotraṃ saṭîkam. 9 Bl.
71. Mahimnaḥstotraṃ saṭîkam. 17 Bl. sam. 1842.
72. Meghadûta. Verf. Kâlidâsa. 15 Bl.
73 a. Meghadûta. Verf. Kâlidâsa.
73 b. Meghadûtaṭîkâ Kathaṃbhûtî. 31 Bl. sam. 1909.
74 a. Meghadûta. Verf. Kâlidâsa.
74 b. Meghadûtavivṛiti. Verf. Vallabhadeva Paramâtmachihna. 23 Bl. Śâradâ.
75. Meghadûtaṭîkâ. 30 Bl.
76. Meghadûtapañjikâ. Verf. Lakshmînivâsa. 41 Bl. Schluss fehlt.
77. Meghadûtavivaraṇa. 19 Bl.
78. Meghadûtâvachûri. 23 Bl. Am Rande Noten aus Lakshmînivâsa's Pañjikâ.
79. Meghadûtâvachûri. 12 Bl.
80. Raghuvaṃśa. Verf. Kâlidâsa. 112 Bl. sam. 1726.
81. Râjanîtiśâstra. Verf. Châṇikya. 115 Bl. Śâradâ. Blatt 1, 109 fehlen.
82. Râmakṛishṇakâvyaṃ saṭîkam. Verf. Sûrya. 17 Bl.
83. Vidagdhamukhamaṇḍana. Verf. Dharmadâsa. 40 Bl.

84. Śiśupâlavadha. Verf. Mâgha. 144 Bl. sam. 1530. Die e
15 Blätter mit Glossen.
85 a. Śiśupâlavadha. Verf. Mâgha.
85 b. Śiśupâlavadhasâraṭîkâ. Verf. Vallabhadeva Paramârthach
266 Bl. sapt. 4722. Śâradâ.
86 a. Śiśupâlavadha. Verf. Mâgha.
86 b. Śiśupâlavadhasâraṭîkâ. Verf. Vallabhadeva. Bl. 1—5
106—136. 167—218. 1—22. 25—50. Unvollständig.
87. Śṛiṅgâraśata. [Bhartṛihari.] 10 Bl.
88 a. Śrîkaṇṭhacharita. Verf. Maṅkhaka.
88 b. Śrîkaṇṭhacharitaṭîkâ. Verf. Jonarâja. Bl. 157—361.
24, śak. 1570. Śâradâ. Bhûrja.
89. Saptaśatî. Verf. Govardhanâchârya. 78 Bl. sam. 1908
90. Sûryaśata. 9 Bl. Blatt 1 fehlt.

IV. Nâṭaka.

91. Anargharâghava. Verf. Murâri. 107 Bl. Śâradâ.
92. Anargharâghava. Verf. Murâri. 19 Bl Act V—VII.
93. Abhijñânaśakuntala. Verf. Kâlidâsa. Bl. 44—49. sam
Śâradâ. Bhûrja. Nur Schluss.
94. Abhijñânaśakuntala. Verf. Kâlidâsa. Bl. 53—114. Śâ
95. Uttararâmacharita. Verf. Bhavabhûti. Bl. 216—277. Śâ
Bhûrja.
96. Tâpasavatsarâja. Verf. Mâtrarâja Anaṅgaharsha. Bl. 65-
Śâradâ. Anfang und Ende fehlt.
97. Nâgânandana. Verf. Śrîharshadeva. 47 Bl. Śâradâ.
98. Prachaṇḍapâṇḍava oder Bâlabhârata. Verf. Râjaśekhara.
Bl. Śâradâ.
99. Prabodhachandrodaya. Verf. Kṛishṇamiśra. 46 Bl. Śâ
100. Bâlarâmâyaṇa. Verf. Râjaśekhara. Bl. 10—112. 114—
Śâradâ. Bhûrja. Anfang fehlt.
101. Bâlarâmâyaṇa. Verf. Râjaśekhara. 127 Bl. Śâradâ. Schluss
102. Mahânâṭaka. Verf. Hanumat. 51 Bl. Śâradâ.
103. Mahânâṭaka. Verf. Hanumat. 20 Bl. Śâradâ. Act 1—
104 a. Hanumannâṭaka. Verf. Hanumat.
104 b. Hanumannâṭakadîpikâ. Verf. Mohanadâsa. 20 Bl. R
bis Act III, Strophe 21.
105. Mâlatîmâdhava. Verf. Bhavabhûti. 53 Bl. Śâradâ.
106. Ratnâvalî. Verf. Śrîharsha. Bl. 36—70. Śâradâ.
107. Vikramorvaśî. Verf. Kâlidâsa. 36 Bl. sam. 71. Śârad
108. Vidagdhamâdhava. Verf. Rûpa. 67 Bl. sam. 69. Śâ
109. Veṇîsaṃhâra. Verf. Nârâyaṇa. 55 Bl. sam. 71. Śârad
110. Śrîkṛishṇabhaktichandrikâ. Verf. Ânandadeva. 16 Bl. Śâ

V. Kathâ.

111. Pañchatantra. Verf. Vishṇuśarman. 144 Bl. sam. 180(
112. Mâdhavânalakâmakandalâkathâ. Bl. 277—293. Śâradâ. Bl

113. Vâsavadattâ. Verf. Subandhu. 57 Bl. Śâradâ.
114. Vaitâlapañchavimśatikâ. Verf. Śivadâsa. 11 Bl. sam. 1544.
115. Vaitâlapañchavimśatikâ. Verf. Śivadâsa. 79 Bl. sam. 1782. Blatt 1 fehlt.
116. Simhâsanadvâtrimśatkathânaka. 9 Bl. sam. 1711.
117. Hitopadeśa. Bl. 5—57. 59. Śâradâ. Bhûrja. I, 17—III, 108, ein Fragment aus der Vorrede und 2 Blätter aus IV.

VI. Chroniken.

118. Bhojaprabandha. Verf. Ballâla. 92 Bl.
119. Râjataraṃgiṇî. Verf. Kalhaṇa. •64 Bl. Śâradâ. VII. VIII. Unvollständig.
120. Râjataraṃgiṇî. Verf. Kalhaṇa. 188 Bl. Śâradâ. IV—VIII. Unvollständig.
121. Râjataraṃgiṇîsâra. Verf. Sâhebrâm. 178 Bl. Śâradâ.
122. Tabelle der Könige von Kaśmîr. Verf. Sâhebrâm. 1 Rolle. Śâradâ.
123. Harshacharita. Verf. Bâṇa. Bl. 3—205. Śâradâ. Anfang fehlt.

VII. Vyâkaraṇa.

124. [Kâtantra.] 6 Bl. Âkhyâte sûtrataḥ saptamaḥ pâdaḥ.
125. Dhâtupâṭha. 16 Bl. sam. 1777.
126. Dhâtupâṭhaḥ saṭikaḥ. Verf. Harshakîrti. 50 Bl.
127. Sârasvatîya Dhâtupâṭha. Verf. Harshakîrti. 15 Bl. Mit Glossen. Unvollendet.
128. Pâṇinîyaparibhâshâḥ. Verf. Śrîpadavyâḍi. 3 Bl.
129. Prakriyâkaumudî. Verf. Râmachandra. 106 Bl.
130. Prabodhachandrikâ. Verf. Vaijaladeva. 23 Bl. sam. 32. Śâradâ.
131. Prabodhachandrikâ. Verf. Vaijaladeva. 75 Bl.
132. Prauḍhamanoramâ. Verf. Bhaṭṭojidîkshita. Bl. 18—97. 45. 45. 15. sam. 1725. Anfang fehlt.
133. Laghubhûshaṇakânti. 172 Bl. sam. 1868. Blatt 1, 2, 5 fehlen.
134. Laghuśabdaratna. Verf. Haridîkshita. 21 Bl. sam. 1847. pañchasaṃdhiprakaraṇa.
135. Laghuśabdenduśekhara. Verf. Nâgeśa. 201 Bl. Unvollständig.
136. Liṅgânuśâsanavivaraṇoddhâra. 21 Bl. sam. 1515.
137. Śabdânuśâsanavṛitti. 63 Bl. I, 1—III, 2. Mit 2 Bildern.
138a. Śabdânuśâsanavṛitti. Bl. 1—47. V, 1—VII, 4.
138b. Nyâyavṛitti. Bl. 47—50.
139. Nyâyavṛitti. 3 Bl. Mit Glossen.
140. Śishyahitânyâsa. Verf. Ugrabhûti. 144 Bl. Śâradâ. Unvollständig.

141. Sârasvatî Prakriyâ. Verf. Anubhûtisvarûpa. 71. 67 Bl. sam. 1574. I. II. Mit 2 Bildern und ausführlichem Randcommentar.
142. Sârasvatî Prakriyâ. Verf. Anubhûtisvarûpa. 15 Bl. sam. 1761. II. III.
143. Sârasvatadîpikâ. Verf. Chandrakîrti. 134 Bl. sam. 1664.
144. Sârasvatadîpikâ. Verf. Chandrakîrti. 175 Bl. sam. 1666. Blatt 169—174 fehlen.

VIII. Kośa.

145 a. Anekârthasaṃgraha. Verf. Hemachandra.
145 b. Anekârthaśesha. Verf. Hemachandra. 103 Bl. Mit Commentar.
146 a. Abhidhânachintâmaṇi. Verf. Hemachandra.
146 b. Śeshasaṃgrahasâroddhâra. Verf. Hemachandra. 44 Bl. sam. 1620.
147. Śeshasaṃgrahasâroddhâra. Verf. Hemachandra. 4 Bl. sam. 1453.
148. Abhidhânachintâmaṇi. Verf. Hemachandra. 67 Bl. sam. 1660.
149. Abhidhânachintâmaṇiṭîkâ. Verf. Hemachandra. 279 Bl. Bricht in der Erklärung der śeshas des 6. kâṇḍa ab.
150. Ekâksharakośa. 3 Bl.
151. Ekâksharanâmamâlâ. Verf. Amara. 1 Bl. sam. 1453.
152. Ekâksharanâmamâlâ. Verf. Vararuchi. 2 Bl.
153. Ekâksharanâmamâlâ. 2 Bl.
154. Dhanaṃjaya. 19 Bl. sam. 1702.
155. Dhanaṃjaya. 2 Bl. II.
156. Nâmaliṅgânuśâsana. Verf. Amarasiṃha. Bl. 21—178. Śâradâ. Bhûrja. I, 6, 20—III, 5, 40. Mit zahlreichen Glossen.
157. Nâmaliṅgânuśâsana. Verf. Amarasiṃha. Bl. 4—82. Śâradâ. Bhûrja. I, 1, 18—II, 9, 95.
158. Nâmaliṅgânuśâsana. Verf. Amarasiṃha. Bl. 1—32. 36. 39—183. Datum verwischt.
159. Nâmaliṅgânuśâsana. Verf. Amarasiṃha. 151. 60 Bl. sam. 1889. II. III. Mit Glossen.
160. Amaraṭîkâ. [Kshîrasvâmin.] 49 Bl. I, 1, 1—7, 33.
161. Amaraṭîkâ. [Bhânudîkshita.] 300 Bl. II, 1, 1—9, 88.
162. Amaraṭîkâ. Verf. Bhânudîkshita. 67 Bl. sam. 1849. I.
163. Amaraṭîkâ. [Bhânudîkshita.] 11 Bl. I, 1, 1—27.
164. Bîjakośoddhâra. Verf. Dakshiṇamûrti (sic). 3 Bl.
165. Mâtṛikânighaṇṭa. Verf. Mahîdâsa. 5 Bl. sam. 1881.
166. Medinî. 108 Bl.
167. Śabdabhedanirdeśa. 4 Bl.

IX. Alaṃkâra und Chhandas.

168. Abhidhâvṛittamâtṛikâ. Verf. Mukulabhaṭṭa. 5 Bl. Vikr. 1938. Śâradâ.
169. Alaṃkârabudbhaśâgara. Verf. Yâkûbshâṃji. 46 Bl. sam. 1828. Bhâshâ.

170. Alaṃkâraratnâkara. Verf. Śobhâkareśvaramitra. Bl. 49—156. Śâradâ. Bhûrja.
171. Alaṃkârodâharaṇa. Verf. Jayadratha. 31 Bl. sam. 44. Śâradâ.
172. Kâvyaprakâśa. Verf. Mammaṭaka und Alaka. Bl. 2—18. 15—168. Śâradâ (mit Ausnahme von 14 Blättern.) Mit zahlreichen Glossen.
173. Kâvyaprakâśaṭikâ. 114 Bl. śak. 1490. Bengâlî. Tâla.
174. Kâvyaprakâśasaṃketa. Verf. Ruchaka. Bl. 29—48. Śâradâ. Bhûrja.
175. Kuvalayânanda. Verf. Appadîkshita. 56 Bl. sam. 22. Śâradâ.
176. Chhandomuktâvalî. Verf. Śaṃbhûrâma. Bl. 6—13. sam. 1844. Anfang fehlt.
177. Prâkṛitachchhandaḥkośa. 3 Bl.
178. Rasataraṃgiṇî. Verf. Bhânudatta. 69 Bl. sam. 1882.
179. Vṛittaratnâkara. Verf. Kedâra. 4 Bl. Mit Glossen.
180. Vṛittaratnâkaraṭîkâ. Verf. Chintâmaṇi. 52 Bl. sam. 30. Śâradâ.
181. Vṛittaratnâkaravṛitti. Verf. Soma. 18 Bl. sam. 1642.
182a. Śrutabodha. Verf. Kâlidâsa.
182b. Śrutabodhaprabodhinî. Verf. Vâsudeva. 7 Bl. Kaśmîrî Nâgarî.

X. Dharma.

A. Allgemeine Werke.

183. Âchâratilaka. Verf. Gaṅgâdhara. 11 Bl.
184. Âchârâdarśa. Verf. Śrîdatta. 26 Bl. sam. 1858.
185. Dânachandrikâ. Verf. Divâkara. 54 Bl. sam. 1892. Blatt 1 fehlt.
186. Madanapârijâta. 286 Bl. sam. 95. Śâradâ. Bhûrja.
187. Manusmṛiti. 124 Bl. sam. 32. Śâradâ.
188. Manusmṛiti. 129 Bl. sam. 1700.
189a. Manusmṛitidharmâḥ. (Excerpte aus Manu.) Bl. 1—14.
189b. Strophen aus anderen Werken. Bl. 14—23. Śâradâ.
190a. Mitâksharâ I. II. Verf. Vijñâneśvara. 79. 112 Bl. sam. 1939. Śâradâ.
190b. Mitâksharâ III. Verf. Vijñâneśvara. 157 Bl. Dazu 2 Blätter Index in Śâradâ.
191. Mitâksharâ II. Verf. Vijñâneśvara. Bl. 6—150. Strophe 4—113.
192a. Mitâksharâ II. Verf. Vijñâneśvara. 156 Bl. sam. 1665.
192b. Mitâksharâ III. Verf. Vijñâneśvara. 189 Bl. Reicht bis 328.
193. Vedavyâsîya Dharmaśâstra. 14 Bl. Unvollendet.

B. Ceremoniell.

194. Âbhyudayikaśrâddhapaddhati. 9 Bl. sam. 1840, śak. 1705.
195. Âhnika. Bl. 4—25. 28—45. Unvollständig.
196. Karmakâṇḍa. 16. 17. 217 Bl. Śâradâ. Bhûrja.
197. Kâtyâyanî Śântiḥ. 4 Bl. sam. 1872.

198. Kâlanirṇayadîpikâvivaraṇa. Verf. Nṛisiṃha. 98 Bl. sam. 1652.
199. Kṛishṇârâdhanasaṃkshepapaddhati. 9 Bl.
200. Tîrthakalpalatâ. Verf. Gokuladeva. 6. 9 Bl. sam. 1802. Gayâvidhi.
201. Triṃśachchhlokî und Daśaślokî. 10 Bl. Ueber âśaucha. Mit Glossen.
202. Tristhalîsetu. Verf. Bhaṭṭojidîkshita. 15 Bl. sam. 1732.
203. Navagrahamakha. 16 Bl.
204. Pitṛisaṃhitâ. 10 Bl. sam. 1883, śak. 1748.
205. Pratishṭhâmayûkha. Verf. Nîlakaṇṭha. 25 Bl.
206. Prayogaratna. Verf. Nârâyaṇabhaṭṭa. 60 Bl. Unvollendet.
207. Prayogaratna. Verf. Nṛisiṃha. 189 Bl. Unvollständig.
208. Prâyaśchittanirṇaya. 19 Bl. Unvollendet.
209. Bhagavadbhaktivilâsa. Bl. 501—564. Fragment.
210. Mâdhavî Śântiḥ. Verf. Mâdhava. 32 Bl. sam. 1876.
211. Ratnâkara. Verf. Râmaprasâda. 47 Bl. sam. 1905.
212. Vâgdânaprayoga. 5 Bl.
213. Vâstuśântipaddhati. 12 Bl. sam. 1923, śak. 1789.
214. Vidhânapârijâta. 6 Bl. Dhanishṭhâmaraṇaśânti.
215. Śrâddhadvâsaptatikâlâḥ etc. Bl. 28 und 29. Śâradâ. Bhûrja.
216. Śrâddhapaddhati. 8 Bl. sam. 1771.
217. Śrâddhaprayoga. 10 Bl. sam. 1897.
218. Śrâddhaviveka. Verf. Rudradhara. 53 Bl. Unvollendet.
219. Sagrahavinâyakaśânti. (Sâmavedânusâriṇî.) 9 Bl.
220. Saṃkshiptarâmâyaṇapâṭhaprayoga. 5 Bl.
221. Sarvadevapratishṭhâkramavidhi. 6 Bl. sam. 1824, śak. 1689.
222. Sâragrâha. 96 Bl. Unvollständig.

XI. Yoga.

223. Gheraṇḍasaṃhitâ. 10 Bl.
224. Haṭhapradîpikâ. Verf. Svâtmârâma. 20 Bl.

XII. Mîmâṃsâ.

225. Pûrvamîmâṃsârthasaṃgraha. Verf. Laugâkshibhâskara. 18 Bl.

XIII. Vedânta.

226a. Ashṭâvakra.
226b. Ashṭâvakraṭîkâ. Verf. Viśveśvara. 54 Bl.
227. Upadeśasâhasrî. Verf. Śaṃkarâchârya. 21 Bl. sam. 1693, śak. 1558.
228. Upadeśasâhasrîṭîkâ. Verf. Râmatîrtha. Bl. 104—142.
229. Jñânadîpaka. (Hariharasaṃvâda.) 4 Bl. Vgl. Hall, Index, p. 126.
230a. Pañchadaśî. Verf. Bhâratîtîrtha und Vidyâraṇya.

230 b. Pañchadaśîṭîkâ. Verf. Râmakṛishṇa. 114 Bl. sam. 1886.
231. Pañchîkaraṇapañchaprakaraṇî. 17 Bl. sam. 1899, śak. 1764.
232. Pañchîkaraṇavârttika. Verf. Sureśvarâchârya. 7 Bl.
233. Paṇḍitakarabhiṇḍipâla. Verf. Purushottama. 35 Bl. sam. 1882.
234. Prapañchamithyâtvânumânakhaṇḍanavivaraṇa. Verf. Jayatîrtha. 9 Bl.
235. Praśnâvalî. Verf. Yadubharata. 12 Bl.
236. Bhagavadgîtâgûḍhârthadîpikâ. [Madhusûdanasarasvatî.] 154 Bl. Von 45 bis 425 paginirt; unvollständig.
237. Bhagavadgîtâbhâshya. Verf. Śaṃkarâchârya. Bl. 71—101. 111—161. 176—214. Unvollständig.
238. Bhagavadgîtâvivaraṇa Sarvatobhadra. Verf. Râma. Bl. 3—72. Śâradâ. Bhûrja. Bricht im Anfang des VI. adhyâya ab.
239 a. Bhagavadbhaktiratnâvalî. Verf. Vishṇupurî.
239 b. Bhagavadbhaktiratnâvalîṭîkâ. 54 Bl. sam. 1806, śak. 1671.
240. Bhâmatî. Verf. Vâchaspatimiśra. 126. 71. 68. 24 Bl.
241. Mahârâmâyaṇa. ca. 400 Bl. Śâradâ. Bhûrja. Nirvâṇaprakaraṇa.
242. Yogavâsishṭhasâravivaraṇa. Verf. Pûrṇânanda. 46 Bl. sam. 1854, śak. 1719. Colorirt.
243. Yogavâsishṭhasâravivaraṇa. Verf. Mahîdhara. 30 Bl. sam. 1839, śak. 1704.
244. Vedântaparibhâshâ. Verf. Dharmarâjadîkshita. 48 Bl.
245. Vedântasâra. [Sadânanda.] 12 Bl.
246. Saṃnyâsagrahaṇapaddhati. Bl. 1. 2. 5—12. 15—18. Unvollständig.
247. Saptasûtra. Verf. Śaṃkarâchârya. 12 Bl.
248. Siddhântabindu. Verf. Madhusûdanasarasvatî. 43 Bl. sam. 1807.
249. Svâtmasaṃvittyupadeśaprakaraṇa. 13 Bl. Reicht bis VIII, 1.
250. Hastâmalakaṭîkâ. Verf. Śaṃkarâchârya. 8 Bl.

XIV. Nyâya und Vaiśeshika.

251. Âkhyâtavâdârtha. Verf. Śiromaṇi. 5 Bl.
252. Âkhyâtavâda[ṭîkâ]. 27 Bl.
253. Âkhyâtavâdadîpikâ. Verf. Raghudeva. 17 Bl.
254. Kiraṇâvalî. Verf. Udayanâchârya. 59 Bl. Fragmente.
255. Khaṇḍanakhaṇḍakhâdya. Verf. Śrîharsha. 84 Bl. La. sam. 375 (= 1481 n. Chr.) Bengâlî. Tâla.
256. Tarkabhâshâ. Verf. Keśavamiśra. 15 Bl. Vikr. 1613.
257. Tarkasaṃgrahadîpikâprakâśa. 11 Bl. Anumânaparichchheda.
258. Tarkâmṛita. Verf. Jagadîśa. 10 Bl.
259. Dravyapadârtha. 11 Bl. Blatt 1 fehlt.
260. Nañvâda. Verf. Śiromaṇi. 2 Bl.
261. Nañvâdaṭippaṇî. Verf. Raghudeva. 21 Bl.

262. Nyâyasiddhântamañjarî. Verf. Bhaṭṭâchâryachûḍâmaṇi. 40 Bl. sam. 1870, śak. 1735.
263. Nyâyasiddhântamañjarîdîpikâ. Verf. Śrîkaṇṭha. 8. 58 Bl. upamâna- und anumâna-parichchheda.
264. Bhâshâparichchheda. Verf. Viśvanâtha Pañchânana. 9 Bl. sam. 1888.
265. Siddhântamuktâvalî. Verf. Siddhântapañchânana. 70 Bl.
266. Muktâvalîṭikâ. Verf. Mahâdeva. 61 Bl.
267. Muktâvalîprakâśa. Verf. Dinakara. Bl. 60—183. sam. 1849.
268. Muktâvalivyâptivâdadipikâ. Verf. Sadâśiva. 14 Bl.
269. Vidhisvarûpavâdârtha. Verf. Gadâdhara. 16 Bl. sam. 1854.
270. Viśishṭavaiśishṭyabodhavichâra. Verf. Raghudeva. 22 Bl.
271. Vishayatâvâda. Verf. Raghudeva. 19 Bl.
272. Vishayatâvichâra. Verf. Gadâdhara. 18 Bl.
273. Vyutpattivâda. 254 Bl.
274a. Śabdaśaktiprakâśikâ. Verf. Jagadîśa. 19 Bl. Nur Anfang.
274b. Śabdaśaktiprakâśikâ. Verf. Jagadîśa. 154 Bl. Blatt 2—9 fehlen.
275. Samâsavâda. 9 Bl. sam. 1840.
276. Sâmagrîvâda. Verf. Raghudeva. 18 Bl.

XV. Jyotisha.

277. Âdhyâtmikâsûtra, Yashṭilakshaṇa und Aṅgavidyâ. 3 Bl.
278. Ârambhasiddhi. 3 Bl.
279. Ârambhasiddhi. Verf. Udayaprabhasûri. 20 Bl.
280. Grahabhâvaprakâśa oder Bhuvanadîpaka. Verf. Padmaprabhasûri. 11 Bl. sam. 1724. Mit Glossen.
281 a. Grahabhâvaprakâśa oder Bhuvanadîpaka. Verf. Padmaprabhasûri.
281 b. Avachûri dazu. 71 Bl.
282. Chaṇḍeśvarapraśnavidyâ. Verf. Devâchârya. 63 Bl. Unvollständig.
283 a. Chamatkârachintâmaṇi. Verf. Nârâyaṇa.
283 b. Chamatkârachintâmaṇiṭikâ. Verf. Dharmeśvara. 62 Bl. sam. 1897.
284. Janmapaddhatiprakâśa. Verf. Divâkara. 12 Bl. sam. 1707.
285 a. Jâtakapaddhati. Verf. Keśava.
285 b. Jâtakapaddhatyudâharaṇa. Verf. Viśvanâtha. 41 Bl. sam. 1905, śak. 1770.
286. Jâtakâbharaṇa. Verf. Ḍhuṇḍhirâja. 136 Bl. sam. 1774. Mit 2 Vignetten.
287 a. Jâtakâlaṃkâra. Verf. Gaṇeśa.
287 b. Jâtakâlaṃkâraṭikâ. Verf. Haribhânu Śukla. 34 Bl. sam. 1900.
288. Jyotiḥsârajâtaka. 12 Bl. sam. 1897, śak. 1762.
289. Jyotisharatnamâlâ. Verf. Śrîpatibhaṭṭa. 59 Bl. sam. 1667.
290. Jyotisharatnamâlâ. Verf. Śrîpatibhaṭṭa. 51 Bl.

291. Jyotishyakaumudî (praśnaprakaraṇa.) Verf. Nîlakaṇṭha. 22 Bl. sam. 1869, śak. 1734.
292. Jyotishyakaumudî (praśnaprakaraṇa). Verf. Nîlakaṇṭha. 26 Bl. sam. 1882.
293. Tâjika Padmakośa. 11 Bl. sam. 1894.
294. Tâjika Padmakośa. 18 Bl. sam. 1897.
295 Turîyayantra. 7 Bl.
296. Trikâlajñânâksharachintâmaṇi. (Śiva.) 24 Bl. sam. 1905, śak. 1770.
297. Narapatijayacharyâ (svarodaya). Bl. 1—13. 16—24. 26—29. sam. 1873. Unvollständig.
298. Narapatijayacharyâ (svarodaya.) 25 Bl. Unvollständig.
299. Pañchasvaranirṇaya. Verf. Prajâpatidâsa. 9 Bl. sam. 1856.
300. Pallîvichâra und Palliśaraṭayoḥ śântiḥ. 4 Bl. sam. 1895.
301. Pavanavijaya Svaraśâstra. 10 Bl. [sam.] 1885. prathamakalpa.
302. Praśnatantra Ramalaśâstra. Verf. Chintâmaṇi. Bl. 10—45. Tantra I.
303. Praśnapradîpa. Verf. Kâśinâtha. 9 Bl.
304. Praśnavaishṇava. Verf. Nârâyaṇadâsasiddha. 91 Bl. Siehe Vaishṇavaśâstra.
305. Praśnasâra. Verf. Govinda. 13 Bl. sam. 1910, śak. 1775.
306. Bṛihajjâtaka. Verf. Varâhamihira. 56 Bl. Vikr. 1846.
307. Bṛihajjâtaka. Verf. Varâhamihira. 44 Bl. sam. 1894.
308 a. Bṛihajjâtaka. Verf. Varâhamihira.
308 b. Bṛihajjâtakavivṛiti. Verf. Bhaṭṭotpala. 77 Bl. I—V.
309. Brahmatulya Karaṇakutûhala. Verf. Bhâskara. 14 Bl. sam. 1766.
310. Bhâvaphala. 27 Bl.
311. Bhâsvatikaraṇa. Verf. Śatânanda. 7 Bl.
312. Bhâsvatichakraraśmyudâharaṇa. Verf. Râmakṛishṇa. 10 Bl.
313. Bhâsvatîṭippaṇa. 17 Bl. sam. 1874, śak. 1739.
314. Muhûrtagaṇapati. Verf. Gaṇapati. 100 Bl. sam. 1851, śak. 1716.
315. Muhûrtagaṇapati. Verf. Gaṇapati. 117 Bl. sam. 1897.
316. Muhûrtadarpaṇa. Verf. Lâlamaṇi. 34 Bl. sam. 1843.
317. Muhûrtamañjarî. Verf. Harinârâyaṇa. 20 Bl. Unvollendet.
318. Muhûrtâvaliḥ saṭîkâ. 10 Bl.
319. Meghamâlâ. (Garga.) 31 Bl. [sam.] 1894.
320 a. Yantrachintâmaṇi. Verf. Chakradhara.
320 b. Yantrachintâmaṇiṭîkâ. Verf. Râma. 21 Bl.
321. Yoginîdaśâvichâra. 11 Bl. sam. 1898.
322. Ramalapaddhati. Verf. Râma. 9 Bl. sam. 1792.
323. Ramalasâra. Verf. Śrîpati. 22 Bl. sam. 1822.
324. Ramalasâra. Verf. Śrîpati. 8 Bl.
325. Râmavinodadîpikâ. Verf. Viśvanâtha. 34 Bl. sam. 1867, śak. 1732.
326 a. Laghujâtaka. Verf. Varâhamihira.
326 b. Laghujâtakaṭîkâ. Verf. Bhaṭṭotpala. 31 Bl. sam. 1871.

327. Varshatantra. Verf. Nîlakaṇṭha. 42 Bl.
328. Varshaphala. Verf. Nîlakaṇṭha. Bl. 1—12. 17—45. sam. 1890. Unvollständig.
329. Vasantarâjaśâkuna. Verf. Vasantarâja. 65 Bl. Reicht bis XIX, 3, 1.
330. Vijayakalpalatâ. Verf. Chakrapâṇi. 17 Bl.
331. Vaishṇavaśâstra. Verf. Nârâyaṇadâsasiddha. 73 Bl. sam. 1799. Siehe Praśnavaishṇava.
332. Śakunaparîkshâ Ramalapraśna. Verf. Gautamâchârya. 7 Bl. sam. 1918, śak. 1783. Bhâshâ.
333. Śîghrabodha. Verf. Kâśînâtha. 118 Bl. sam. 1813(?). Kaśmîrî Nâgarî.
334 a. Shaṭpañchâśikâ. Verf. Pṛithuyaśas.
334 b. Shaṭpañchâśikâṭîkâ. 6 Bl.
335 a. Shaṭpañchâśikâ. Verf. Pṛithuyaśas.
335 b. Shaṭpañchâśikâvachûri. 16 Bl.
336 a. Shaṭpañchâśikâ. Verf. Pṛithuyaśas.
336 b. Shaṭpañchâśikâvṛitti. Verf. Bhaṭṭotpala. 9 Bl.
337. Sâmudrika. 17 Bl. sam. 1913, śak. 1777.
338. Sûryasiddhânta. 23 Bl. sam. 1850.
339. Svapnâdhyâya. (Guru.) 4 Bl. sam. 1901.

XVI. Vaidyaka.

340. Ashṭâṅgahṛidayasaṃhitâ. Verf. Vâgbhaṭa. Bl. 3—307. Śâradâ. Unvollständig.
341. Bhâvaprakâśa. 6 Bl. Śâradâ. Fragment.
342. Yogaśata. 10 Bl. sam. 1720.
343. Rasamañjarî. Verf. Śâlinâtha. 49 Bl.
344. Rasendrachintâmaṇi. Verf. Râmachandra Guha. 33 Bl. Blatt 1 fehlt.
345. Laṅghanapathyanirṇaya. 27 Bl.
346 a. Vaidyajîvana. Verf. Lolambarâja.
346 b. Vaidyajîvanaṭîkâ. Verf. Harinâtha. 76 Bl. Śâradâ.
347. Śataślokî. Verf. Vopadeva. 21 Bl. sam. 1700. Mit Randnoten.
348. Śârṅgadharasaṃhitâ. Verf. Śârṅgadhara. 100 Bl. Vikr. 1707.
349. Suśrute Śârîram. 43 Bl. Śâradâ.
350. Sûktâmṛitapunaruktopadaṃśadaśana (?). Verf. Sajjana. 4 Bl. sam. 1641.

XVII. Tantra.

351. Uḍḍâmara Mahâtantra. Bl. 1—46. 48—58. Saṃskṛit und Bhâshâ. Unvollständig.
352. Kuladharmapaddhati. Verf. Tryambaka. 6 Bl. Unvollständig.
353. Dhûmâvatîpûjâpaddhati. 3. 1. 1. 19 Bl. sam. 1880, śak. 1745.
354. Puraścharaṇavidhi. 9 Bl.

355. Pratyaṅgirâsahasranâman. (Atharvaṇavede Pippalâdaśâkhâyâm Aṅgirasâṃ kalpe.) 26 Bl.
356. Baṭukabhairavapûjâpaddhati. (Vâmadevasaṃhitâyâm.) 9 Bl. sam. 1883.
357. Bhavânîsahasranâman. (Rudrayâmale.) 29 Bl.
358. Bhûtaśuddhi und Prâṇapratishṭhâ. 10 Bl.
359. Mahâsarasvatîsûkta etc. 40 Bl.
360. Mâtaṅgîstotra. Verf. Umâsahâchârya. 18 Bl. sam. 1692.
361. Rudravidhâna. (Śâṅkhâyanî śâkhâ.) 34 Bl. sam. 1820.
362 a. Varivasyârahasya. Verf. Nṛisiṃhânandanâtha.
362 b. Varivasyârahasyaprakâśa. Verf. Bhâsurânandanâtha. 90 Bl. Unvollendet.
363. Śaktinyâsa. 7 Bl. sam. 1825.
364. Śarabheśvarakavacha. (Mahâkâśabhairavakalpe.) 31 Bl.

XVIII. Vermischtes.

365. Aryavasudhârâdhâriṇî. 7 Bl. sam. 1719. Buddhistisch.
366. Kuṇḍavichâra. (Tattvasâre.) 7 Bl.
367. Vâstuśâstra Râjavallabha. Verf. Sûtradhâra Maṇḍana. 71 Bl. Moderne Copie.
368. Briefe des Paṇḍit Sâhebrâm. 14 Bl. Śâradâ.

XIX. Jaina.

A. Kanonische Schriften.

369. Achârâṅgavṛitti. Verf. Śîlâṅgâchârya. 130 Bl. sam. 1645. Mit 2 Bildern.
370. Sthânâṅgasûtra. 117 Bl.
371. Samavâyâṅgavṛitti. Verf. Abhayadevasûri. 78 Bl. Mit Vignetten.
372. Bhagavatîsûtra. 361 Bl. sam. 1669.
373. Bhagavatîvṛitti. Verf. Abhayadevasûri. 342 Bl. sam. 1622.
374. Jñâtâdharmakathâsûtra. 114 Bl. sam. 1645.
375. Upâsakadaśâṅgasûtra. 22 Bl. sam. 1593.
376. Antakṛiddaśâsûtra. 37 Bl.
377. Anuttaraupapâtikasûtra. 8 Bl.
378. Vipâkasûtra. 35 Bl.
379. Upâsakadaśâ-, Antakṛiddaśâ-, Anuttaraupapâtika-, Praśnavyâkaraṇa- und Vipâka-vivaraṇa. Verf. Abhayadevasûri. 351 Bl.
380. Aupapâtikasûtra. 33 Bl. sam. 1567.
381. Jîvâbhigamasûtra. 183 Bl.
382. Prajñâpanâsûtra. 195 Bl. Mit 1 Bild.
383. Jambûdvîpaprajñaptichûrṇi. 46 Bl. sam. 1642.
384. Jambûdvîpaprajñaptisûtravṛitti. 158 Bl. Mit Vignetten.
385. Chandraprajñaptisûtra. 48 Bl.

386. Sûryaprajñaptisûtra. 88 Bl. sam. 1597.
387. Nirayâvalisûtra. 45 Bl.
388. Daśaprakîrṇakasûtra. 62 Bl. sam. 1888.
389. Âturapratyâkhyâna. 5 Bl.
390. Mahâniśîthasûtra. 142 Bl. sam. 1834, śak. 1699.
391. Nandisûtra. 31 Bl.
392. Nandyadhyayanaṭîkâ. Verf. Malayagiri. 224 Bl. sam. 1683.
393. Nandyadhyayanaṭîkâ. Verf. Malayagiri. 136 Bl.
394. Anuyogadvârasûtra. 40 Bl.
395. Uttarâdhyayanasûtra. 33 Bl. sam. 1521.
396. Uttarâdhyayanasûtra. 28 Bl.
397. Uttarâdhyayanakathâ. 10 Bl. Unvollendet.
398. Uttarâdhyayanalaghuvṛitti. 309 Bl. sam. 1625.
399. Uttarâdhyayanavṛitti. 53 Bl.
400. Uttarâdhyayanâvachûri. 34 Bl. sam. 1481.
401. Âvaśyakaniryukti. 118 Bl. sam. 1546.
402. Âvaśyakaniryukti. 138 Bl.
403. Âvaśyakâvachûrṇi. 50 Bl. sam. 1485.
404. Shaḍâvaśyakavidhi. 56 Bl. sam. 1699.
405. Shaḍâvaśyakavidhi. 87 Bl.
406. Daśavaikâlika. 14 Bl.
407. Daśavaikâlikaṭîkâ. Verf. Śritilakâchârya. 59 Bl.
408. Daśavaikâlikaṭîkâ. Verf. Haribhadra. 193 Bl.
409. Daśavaikâlikâvachûri. 21 Bl.

B. Nicht-kanonische Schriften.

410. Arishṭanemicharita. Verf. Vijayagaṇi. 74 Bl.
411. Upadeśamâlâprakaraṇa. 26 Bl. Mit Vignette.
412. Upadeśamâlâvṛitti. 87 Bl. sam. 1663.
413. Ṛishabhapañchâśatikâ. [Dhanapâla.] 2 Bl.
414. Ekâdaśîcharitra. 6 Bl.
415. Oghaniryukti. 72 Bl. sam. 1591.
416. Oghaniryukti. Bl. 28 – 45.
417. Oghaniryuktiḥ sâvachûriḥ. 128 Bl.
418a. Karmakâṇḍa. Verf. Nemichandrasaiddhânti[ka].
418b. Karmakâṇḍaṭippaṇa. 18 Bl. sam. 1827.
419. Karmagranthaḥ savṛittiḥ. 79 Bl. Blatt 15—18 fehlen. Unvollendet.
420. Karmagranthashaṭkâvachûri. 144 Bl. Es fehlt nur die Erklärung der letzten fünf Strophen.
421. Karmavipâkasûtra. Verf. Devendrasûri. 3 Bl.
422. Kalpasûtravivaraṇa. 12 Bl.
423. Kalpasûtrâvachûri. 49 Bl.
424. Kalpântarvâchya. 30 Bl. sam. 1520.
425. Kalpântarvâchya. 70 Bl. sam. 1679.
426. Kûrmâputrakathânaka. 7 Bl.

427. Kshetrasamâsa mit vivaraṇa. 31 Bl.
428. Gachchhâchâraprakîrṇaka mit sûtrârtha. 6 Bl. sam. 1598.
429. Gautamapṛichchhâvṛitti. 39 Bl. sam. 1800.
430. Chitrasenapadmâvatîcharitra. 14 Bl. sam. 1652.
431 a. Jambûdṛishṭânta. sam. 1809.
431 b. Jambûdṛishṭântaṭabâ. sam. 1878. 46 Bl.
432. Jinaśataka. Verf. Jambûguru. 8 Bl. sam. 1767.
433. Jinaśataka mit avachûrṇi. 9 Bl.
434. Jîvavichâraprakaraṇaṃ savṛitti. 6 Bl.
435. Trishashṭiśalâkâpurushacharita. Verf. Hemachandra. 170 Bl. Parvan I.
436. Trishashṭiśalâkâpurushacharita. Verf. Hemachandra. 184 Bl. sam. 1451. VIII.
437. Trishashṭiśalâkâpurushacharita. Verf. Hemachandra. 171 Bl. sam. 1639. X.
438. Daśadṛishṭântakathâ. 4 Bl.
439. Dîpotsavakathânakaṃ saṭabam. 70 Bl.
440. Dhannâcharitra. 15 Bl.
441 a. Navatattvaprakaraṇa.
441 b. Navatattvavṛitti. Verf. Sâdhuratnasûri. 8 Bl. sam. 1816.
442. Navatattvavivaraṇa. Verf. Sâdhuratnasûri. 9 Bl. sam. 1535.
443. Navatattvâvachûri. 6 Bl.
444. Nyâyadîpikâ. Verf. Dharmabhûshaṇa. 38 Bl. Unvollständig.
445. Pañchanirgranthî mit avachûri. 8 Bl. sam. 1654.
446 a. Paramâtmaprakâśa. Verf. Yogîndradeva.
446 b. Commentar dazu. 180 Bl. Unvollständig.
447. Pâkshikasûtra. 13 Bl. sam. 1619.
448. Pâṇḍavacharitra. Verf. Vijayagaṇi. 235 Bl. Unvollständig.
449. Pâṇḍavapurâṇa. Verf. Śubhachandra. 210 Bl. sam. 1693. Blatt 1—91 fehlen.
450. Pârśvanâthacharita. Verf. Bhâvadevasûri. 137 Bl. sam. 1651.
451. Pârśvanâthacharitra. Verf. Sakalakîrti. 165 Bl. sam. 1797.
452. Pârśvanâthadaśabhavacharitra. 39 Bl.
453. Piṇḍaviśuddhiprakaraṇâvachûrṇi. Verf. Jinavallabhagaṇi. 5 Bl.
454. Balinarendrâkhyânaka. 64 Bl. sam. 1672.
455. Bhaktâmarastavavṛitti. 54 Bl.
456. Maṇipaticharitra. 28 Bl.
457. Mahipâlacharitraṃ saṭabam. 83 Bl. sam. 1718.
458. Mitrânandacharitra. 15 Bl.
459. Yatipratikramaṇavṛitti. 13 Bl. sam. 1719.
460. Yogaśâstra. Verf. Hemachandra. 20 Bl. I—IV.
461. Yogaśâstraṃ sâvachûri. Verf. Hemachandra. 17 Bl. sam. 1521. I—IV. Blatt 2 fehlt.
462. Ratnasaṃchaya. 18 Bl.
463. Râmakṛishṇacharitra. 31 Bl.
464. Vidyâvilâsaprabandha. 6 Bl.
465. Vîtarâgastotra. Verf. Hemachandra. 5 Bl.

466 a. Vîtarâgastotra. Verf. Hemachandra.
466 b. Avachûri dazu. 4 Bl.
467 a. Vîtarâgastotra. Verf. Hemachandra.
467 b. Avachûri dazu. 24 Bl.
468. Śatruṃjayamâhâtmya. Verf. Dhaneśvarasûri. 79 Bl. X. XI.
469. Śântinâthacharitra. Verf. Sakalakîrti. 240 Bl. sam. 1671.
470. Śrâddhapratikramaṇasûtravṛitti. Verf. Ratnaśekharagaṇi. 107 Bl.
471. Shaḍdarśanasamuchchaya. 5 Bl. sam. 1628.
472. Saṃgrahaṇî. 23 Bl. sam. 1692.
473. Saṃgrahaṇî sâvachûrṇiḥ. 26 Bl. Blatt 4—9 fehlen.
474. Saṃgrahaṇyavachûrṇi. 23 Bl.
475. Sattarisayaṭhâṇa. 13 Bl.
476. Samyaktvakaumudîcharitra. 40 Bl. sam. 1810, śak. 1675.
477. Siddhapañchâśikâsûtrâvachûri. Verf. Devendrasûri. 4 Bl.
478. Sukumârasvâmicharitra. Verf. Sakalakîrti. 37 Bl. sam. 1879. Mit Glossen.
479. Sûktimuktâvalî oder Sindûraprakara. Verf. Somaprabha. 10 Bl.
480. Sûktimuktâvalî oder Sindûraprakara. Verf. Somaprabha. 7 Bl.
481. Sûktimuktâvalî oder Sindûraprakara mit avachûri. 18 Bl. sam. 1557, śak. 1422.
482. Sûktimuktâvalî oder Sindûraprakara mit ṭippaṇa. 14 Bl. sam. 1795.
483. Sûktimuktâvalî oder Sindûraprakara mit ṭîkâ. 21 Bl.

II. Inschriften.

Zwei Inschriften des Vâïllabhaṭṭasvâmin-Tempels am Fort von Gwalior.

Der kleine Felsentempel, welcher diese beiden Inschriften enthält, ist von General Cunningham unter dem Namen Chaturbhuja-Tempel beschrieben worden[1]. Eine sogenannte „Transcription und Uebersetzung" der Inschrift B, welche im Inneren des Tempels auf der linken Seitenwand eingegraben ist[2], hat Bâbû R. Mitra geliefert[3]. Derselbe erwähnt auch die Inschrift A, welche an der Aussenseite des Tempels über dem Eingang eingehauen ist. Er sagt nämlich über „No. 2. Rock Tablet near Lakshman Puar (*lies* Paur). Not intelligible" Folgendes: „No. 2 though placed immediately after the record of Pashupati is apparently of a very

1) Arch. S. II, 355. 2) Arch. S. II, 335. 3) J. As. Soc. Bengal, XXXI, 407.

modern date. It records the dedication of a temple to *Śrîmad Âdivarâha* or the Boar incarnation of Vishnu, and alludes to the *Râmâyana.* The characters of the record are slightly removed from the modern Devanâgari, but its language is very corrupt, and so intermixed with provincial Hindui and Marhatti (?) as not to admit of a reliable translation." [1] Zur richtigen Würdigung dieser Bemerkungen möge Folgendes dienen. Der *Śrîmad-Âdivarâha* wird in Strophe 22, der König *Śrî-Râmadeva,* welcher den Bâbû an das Râmâyaṇa erinnerte, in Strophe 7 erwähnt. Die Charaktere der Inschrift gleichen völlig denen der von dem Bâbû „herausgegebenen" Inschrift B, sind nur etwas kleiner und sorgfältiger ausgeführt. Das Sanskrit der Inschrift A ist durchaus correct und frei von Provinzialismen, während in der Inschrift B Prâkṛit-Constructionen und Prâkṛit-Wörter vorkommen.

Die Inschrift A ist in Saṃvat 932 datirt und berichtet die Erbauung des Vishṇu-Tempels, an dem sie sich befindet, durch Alla. Dass der Tempel nach *Vâïllabhaṭṭa,* dem Vater seines Erbauers Alla, den Namen Vâïllabhaṭṭasvâmin [2] führte, ergiebt sich aus der im folgenden Jahre, Saṃvat 933, datirten Inschrift B, welche verschiedene Stiftungen zu Gunsten zweier von Alla gebauter Tempel, des *Navadurgâ*-Tempels und des *Vâïllabhaṭṭasvâmin*-Tempels, beurkundet. Nach der Inschrift B war Alla Burgwart von Gopagiri oder Gwalior [3]. Auch A spielt hierauf an [4] und berichtet ausserdem von Alla, dass er fünf Frauen besass [5], dass seine Mutter *Jajjâ* hiess [6] und dass sein Grossvater *Nâgarabhaṭṭa* aus dem Geschlechte der *Varjâras* stammte und aus Ânandapura in Lâṭamaṇḍala, d. i. Vaḍnagar in Gujarât, eingewandert war [7].

Die beiden ersten der in der Inschrift B verzeichneten Schenkungen gehen von der „Stadt" *(sthâna)* [8] aus. Hierunter ist die am östlichen Fusse des Forts gelegene alte Stadt Gwalior zu ver-

---

1) J. As. Soc. Bengal, XXXI, 397, note.

2) Ueber den Prâkṛit-Namen Vâïlla ist Folgendes zu bemerken. Die Affixe illa und ulla vertreten das possessive mat (vat); siehe die Grammatiken des Hemachandra (II, 159) und des Vararuchi (IV, 25). An letzterer Stelle wird ein Fall erwähnt, in welchem illa und ulla wechseln, nämlich viârilla und viârulla = vikâravat. Ebenso muss Vâïlla identisch mit vâülla sein, welches in den Glossaren des Dhanapâla (Str. 66) und des Hemachandra (S. 256, Zeile 14) angeführt und durch „gesprächig" erklärt wird. Beide Wörter gehen auf das Substantiv vâch zurück und entsprechen dem Sanskrit vâgmin „beredt". Nicht zu verwechseln mit dem nach Vâïllabhaṭṭa benannten Vishṇu-Vâïllabhaṭṭasvâmin ist Bhâïllasvamin, nach Hall ein Beiname des Sonnengottes, welcher sich in dem modernen Ortsnamen Bhilsa erhalten hat; siehe J. As. Soc. Bengal. XXXI, 111 f. 126 f.

3) Zeile 2. 4) kṛite Gopâddri-pâlane, Strophe 22. 5) Strophe 23 f. 6) Strophe 9. 7) Strophe 2. 8) Zeile 2, 3, 5, 21.

stehen. Mit dem Flusse V r i ś c h i k â l â, an dessen jenseitigem Ufer der von Alla erbaute *Navadurgâ*-Tempel lag [1], ist wohl der Fluss Subanrikh [2] *(Suvarṇarekhâ?)* gemeint, welcher die Stadt Gwalior durchzieht. Die beiden der „Stadt" gehörigen Dörfer *Vâḍâpallikâ* [3] und *Jayapurâka* [4] werden in der Nähe von Gwalior zu suchen sein. Die dritte Stiftung geht von den in vier verschiedenen Ortschaften [5] wohnenden Oelmüllern aus, die vierte von den auf dem Fort von Gwalior [6] wohnenden Gärtnern.

Als Beherrscher von Gwalior wird in der Inschrift B B h o j a d e v a [7] genannt. General Cunningham entdeckte in Deogarh eine Inschrift desselben Fürsten, welche in Saṃvat 919 und Śaka 784 datirt ist [8], und identificirte den Bhojadeva beider Inschriften mit Bhojadeva I. von Kanoj [9], dem Sohne des Râmabhadradeva, indem er das Datum der Pehoa-Inschrift dieses Königs, Saṃvat 276 [10], auf die Aera des Śrîharsha zurückführte. Diese Vermuthung erfährt eine weitere Bestätigung durch die Inschrift A. Der in der letzteren als gleichzeitig mit Vâïllabhaṭṭa erwähnte R â m a d e v a [11] vergleicht sich nämlich mit Râmabhadradeva [12], dem Vater des Bhojadeva I. von Kanoj. In der Râjataraṃgiṇî (V, 151) wird als Zeitgenosse des Śaṃkaravarman von Kaśmîr nicht, wie Wilson und Cunningham annehmen, ein König Bhoja, sondern ein König der Bhojas *(bhojâdhirâja)* erwähnt.

Inschrift A.

Text.

[1] श्रीं[॥] कालिन्द्याः किं जलौघो घनतिमिरनिभो जाह्नवी-स्पर्द्धया नः प्रोद्यातः किन्न[1] भूयो गगनतलगतिं विन्ध्यसानुर्विहन्तुं ।

---

1) Zeile 8. 2) Arch. S. II, 332. 3) Zeile 4. 4) Zeile 7. 5) Zeile 12, 13, 14. 6) ś r î - G o p a g i r i - t a l o p a r i, Zeile 17. 7) Zeile 1 f., 6. 8) Arch. S. X, 101. Mr. Fleet hat das Datum umgerechnet; siehe Ind. Ant. XII, 294, note 25. 9) Arch. S. IX, 84. 102. 10) General Cunningham gab die richtige Erklärung dieser Inschrift (J. As. Soc. Bengal, XXXIII, 229, und Arch. S. II, 224), welche von Bâbû R. Mitra vollständig missverstanden worden war (J. As. Soc. Bengal, XXII, 676. XXXII, 97). Das schlechte Facsimile der Inschrift (J. As. Soc. Bengal, XXXII) liest: p a r a m a b h a ṭ ṭ â r a k a - m a h â r â j â d h i r â j a - p a r a m e ś v a r a - ś r i - R â m a b h a d r a d e v a - p â d â n u d h y â t a - p.-m.-p.-ś r i - B h o j a d e v a - p â d â n â m a b h i p r a v a r d d h a m â n a k a l y â ṇ a v i j a y a r â j y e s a m v a t s a r a ś a t a d v a y e s h a ṭ s a p t a t y a d h i k e v a i ś â k h a m â s a ś u k l a p a k s h a s a p t a m y â ṃ s a m v a t 276 v a i ś â k h a ś u d i 7. 11) Strophe 7. 12) Siehe die Pehoa-Inschrift, oben Note 10; die Benares-Tafel, J. As. Soc. Bengal, XXXI, 15; die Dighwa-Tafel, ebenda, XXXIII, 328. Das Datum der beiden letzteren Inschriften bleibt nach dem mangelhaften Facsimile (J. As. Soc. Bengal, XXXIII, 321) zweifelhaft. Nach General Cunningham ist die Benares-Inschrift in Saṃvat 315 datirt.

1) Lies किंनु.

घिक्कसोर्यस्य दृष्ट्वा चरणमतिचिरं सप्तयो नैव पुष्णो जग्मुः षोभादिवोश्चैर्न्नभसि स मधुजिद्वस्तु वः कल्मषाणि ॥ [१] अतिललितलाटमण्डलतिलकानन्दपुरनिर्गतो गुणवान्। वर्ज्जारान्वयनागरभट्टकुमारोभवद्येन ॥ [२] वाद्दक्षभट्टनामा तनयोजनि जनितजनचमत्कारो[1]। न युधिष्ठिरोप्यकार्षीद्यः सह नकुलेन सत्प्रीतिं ॥ [३]

[2] परिभाषादि[2]ष्वानं वैयाकरणस्य यस्य परमासीत्। कर्मोपधाविकारी न कदाचिद्वाधकौ[3] भूतौ ॥ [४] सुशुभ्रतां व्याप्तदिगन्तरत्वमासाद्य दुग्धाब्धिरगाधतास्य। जिगं[4]सयोर्ध्वस्य यशःपयोधिमाक्राम्य यस्यातितरां तरङ्गैः ॥ [५] धनदोपि न प्रमत्तो ध्वस्तसमस्तसविषोपि न विरूपः। रत्नाकरोपि न जडो यो नाशोकोपि रागिष्ठः। [६] श्रीरामदेवकार्ये मर्यादाधुर्यतामलङ्घयता। येन विशुद्धं युद्धे निजकुलवत्प्रकटितं नाम ॥ [७] किम्पक्कना यस्य गुणाः कथयितुमपि नैव यान्ति मादृषैः।

[3] मानाधिकमम्बु यतो घटकोऽब्धावपि न गृह्णा[5]ति ॥ [८] लक्ष्मी मुरारिर्न्नगजाञ्च शम्भुः शचीं यथेन्द्रोथ तथा सुशीला। कुलोन्नतां कासरकीयविष्णोस्सुतां स कान्तां समवाप जन्मा ॥ [९] व्यपगतमदमोहजालसङ्गः कृतचरितैकरतः प्रसन्नमूर्त्तिः। परिहृतखलसङ्गमः सुतोस्य सकलकलाकुशलो बभूव ताभ्यां ॥ [१०] न पितुर्धुरोधिकारी पुत्रोभूत्कश्चिदप्यमूम्य[6]व्दान्। श्रोतुमशक्तेनोहे धूर्त्तेन न विषयलुब्धेन ॥ [११] दुग्धाब्धेरिव मूर्त्तिर्यस्य सदा दानवारिपरिपूता। कमलालिङ्गितवपुषः प्रजापतेरिव तनुर्यस्य ॥ [१२]

[4] हर इव वृषविहितास्थो दोषासङ्गं न भानुरिव मेने। मधुरिपुरिव यस्संततमाक्रान्तविपक्षसङ्घातः ॥ [१३] यस्य परार्थासक्ता सततं परिदृश्यते मतिर्नूनं। निर्लोभस्तं तस्य हि जातं खलु यत्तदाश्चर्यं ॥ [१४]

---

1) Lies रः. 2) द ist zerstört und sieht daher wie व aus. 3) Lies °बाधकौ? 4) Lies गां. 5) Lies ह्णा. 6) Lies न्या.

सन्त्यक्तपरकलत्रो धर्म्मैकरतोपि सर्व्वदा यस्य । निजवनितापरितुष्टोप्यभिलषितसुहृज्जनप्रमदः ॥ [१५] अवलोक्य वक्त्रकमलं यस्य शशी स्वोदयेपि मलविकलं । कर्त्तुमनीशः किञ्चित्प्रतिबिम्बं क्षीयतेद्यापि ॥ [१६] अकरोद्यस्य विकल्पं व्याख्यानविधौ न दानविषयेषु ।

[5] संग्रामस्य न योभूत्पराङ्मुखः परकलत्रस्य ॥ [१७] स्थैर्यं वचसि न रोषे स्पृष्टो विजयैर्न जातु कलिकलुषैः । यस्याभवदालस्यं पापेषु न राजकार्येषु ॥ [१८] धर्म्मार्ज्जने च लोभो न कदाचित्परधनेषु विविधेषु । यस्य त्वविवेकित्वं मित्रेषु न बुद्धिविभवेषु ॥ [१९] दारिद्र्यं हरतार्थिनो रिपुजनाल्लक्ष्मीं मनो योषितः[1] रूपं पद्मशरादगाधपयसो गाम्भीर्यमम्भोनिधेः । चित्रं येन विचारचारुमनसामाचारमातन्वता सर्व्वत्रैव जनापवादरहितं चौर्यं प्रकाशीकृतं ॥ [२०]

[6] कुर्व्वीत यदि विधाता कर्णानामपि सहस्रमहिपस्य । श्रुत्वाथ तद्गुणौघान्वदनशतैः शक्नुयाद्वक्तुं ॥ [२१] श्रीमदादिवराहेण त्रैलोक्यं विजिगीषुणा । तद्गुणाढ्यः परिज्ञाय कृतो गोपाद्रिपालने ॥ [२२] कन्नुकदुहिता वल्ला येष्टतमामाप सोमटां तनयां । भट्टसुतान्या गोग्गापरा महादेवजा गौरी ॥ [२३] गोवर्द्धनजा सिल्ला नन्नकतनयेसटा च येनोढा[:।] वल्लादीनां स्वस्य च पुन्य[2]स्य विवृद्धये महता ॥ [२४] सिद्धेर्व्वर्त्म समं भवाब्धितरणे य-

[7] थानपात्रं महद्बीजं धर्म्मतरोरनन्तफलदं स्थानं श्रियः सा[3]श्वतं । टङ्कोत्कीर्णयशोनिधानमिव यन्नामाक्षरैरङ्कितं तेनाकारि विकारशून्यमनसा विष्णोरिदं मन्दिरं ॥ [२५] दधति जलमगाधं सागरा यावदुर्व्वीर्गिरिरयमपि वोढा यावदभ्रंकषस्य । शिरसि शिखरराशेः श्रेयसी श्लाघ्यरूपा स्थगयतु भुवि कीर्त्ती रोदसी तावदेषा ॥ [२६] ॥ नवसु शतेष्वब्दानां द्वात्त्रिंश[4]त्संयुतेषु वैशाखे । रम्येस्मिन्नेकशिले विष्णुर्भक्त्या प्रतिष्ठितो भवने ॥ [२७] ॥

1) Lies तो. 2) Lies स्य. 3) Lies शा. 4) Lies द्वात्रिंश°.

Uebersetzung.

Om. 1. Jener Besieger des Madhu möge eure Sünden vernichten, dessen Fuss, als er (die drei Welten) durchschreiten wollte, erblickend die Rosse des Sonnengottes lange Zeit nicht mehr oben am Himmel dahineilten, da sie zu fürchten schienen, dass der dichter Finsterniss gleichende Wasserschwall der Yamunâ im Wettstreit mit der Gaṅgâ oder der Rücken des Vindhya von Neuem sich erhoben hätte, um ihre Bahn am Himmelsgewölbe zu versperren.

2. Es war ein tugendhafter Jüngling, Nâgarabhaṭṭa aus dem Geschlecht der *Varjâras*, welcher aus der Stadt Ânanda, der Zierde der lieblichen Provinz *Lâṭa*, ausgewandert war. Dieser

3. erzeugte einen Sohn Namens Vâïllabhaṭṭa, der das Erstaunen der Welt erregte, da er zwar standhaft im Kampfe (*yudhishṭhira*) war, aber keine wahre Freundschaft mit einem Unedlen (*nakula*) schloss (während *Yudhishṭhira* der Freund seines jüngeren Bruders *Nakula* war).

4. Er besass als Grammatiker die vorzüglichste Kenntniss der Interpretationsregeln u. s. w.; aber die Wirkungen von Thaten einer früheren Geburt (*karman*) oder (gegen ihn geschmiedeter) Ränke (*upadhâ*) belästigten ihn niemals.[1]

5. Der ganz weisse, alle Himmelsgegenden erfüllende, unergründliche Milchocean forderte den hochgehenden Ocean seines Ruhmes laut heraus durch seine Wogen, indem er (vergeblich ihn an Höhe) zu erreichen suchte.

6. Er war freigebig, aber nicht (wie Kubera) unklug (nicht Varuṇa)[2], ein Vernichter aller Schlangen, aber nicht (wie Garuḍa) missgestaltet (wie ein Vogel gestaltet), reich an Juwelen, aber nicht (wie der Ocean) stumpfsinnig (kühl), und leidlos, aber nicht (wie der Aśoka-Baum) sehr leidenschaftlich (hochroth).

7. Indem er im Dienste des *Śrî*-Râmadeva es vortrefflich verstand, die Schranken nicht zu überschreiten[3], machte er, wie seine Vorfahren, seinen fleckenlosen Namen in der Schlacht berühmt.

---

1) Die beiden Wörter karman und upadhâ sind offenbar pakshe auch in ihrer grammatischen Bedeutung, „Passiv“ und „vorletzter Buchstabe“, zu verstehen. Auf welche paribhâshâ der Verfasser anspielt, ist mir unbekannt.

2) Herr Professor Kielhorn, den ich um eine Erklärung der Worte dhanadopi na pramatto bat, antwortete mir freundlichst folgendermassen: „Ich möchte vergleichen Vâsavadattâ, p. 111: dhanadenâpi prachetasâ. Na pramatta ist wenigstens = prachetas, und es möchte mir fast scheinen, als wenn dem Verfasser die Stelle der Vâsavadattâ im Gedächtniss gewesen wäre. Dhanada (Kubera) ist nicht prachetas (Varuṇa), also pramatta; Vâïllabhaṭṭa ist nicht pramatta, also prachetas (klug)“.

3) maryâdâdhuryatâm alaṅghayatâ ungenau für maryâdâm alaṅghayatâṃ dhuryeṇa.

8. Wozu der vielen Worte? Die Tugenden dieses Mannes lassen sich von Meinesgleichen nicht einmal aufzählen. Denn ein Topf vermag mehr Wasser, als er misst, selbst aus dem Ocean nicht aufzunehmen.

9. Wie der Feind des Mura die Lakshmî, Śaṃbhu die Tochter des Berges und Indra die Śachî, so nahm jener die tugendhafte, edle *Jajjâ*, die Tochter des *Kâsarakîya Vishṇu*, zur Gemahlin.

10. Diesen beiden entspross ein Sohn, Alla, an dem das Netz des Dünkels und der Verblendung nicht mehr haftete, der stets einen des *Kṛitayuga* würdigen Wandel führte, ein heiteres Aussehen besass, den Umgang mit Schlechten mied und in allen Künsten erfahren war.

11. Er trug die Last (der Geschäfte seines Vaters weiter), nicht weil es ihn nach weltlicher (Macht) gelüstete, sondern weil er die Rede nicht anhören konnte, dass niemals ein Sohn den Geschäften seines Vaters gewachsen gewesen wäre.

12. Er war immer von dem bei Schenkungen (ausgegossenen) Wasser benetzt, wie der Milchocean vom Brunstsaft (der Elephanten), und von der Glücksgöttin umarmt, wie Prajâpati von der (aus Vishṇu's Nabel entspringenden) Lotusblüthe.

13. Stets trug er Sorge um moralisches Verdienst, wie Hara um seinen Stier, vermied die Berührung mit der Sünde, wie der Sonnengott die Berührung mit dem Abend, und bezwang die Schar seiner Feinde, wie der Feind des Madhu den Flügelschlag seines Vogels aufsucht (den Garuḍa besteigt).

14. Fürwahr, wunderbar ist es, dass er frei von Habsucht geblieben ist, obwohl man seinen Sinn beständig auf die höchste Wahrheit (scheinbar: auf fremdes Gut) gerichtet sah.

15. Obwohl er die Frauen Anderer mied, der Pflicht allein sich befliss und sich seiner eigenen Gemahlinnen freute, begehrte er stets ungestüm die Freude (scheinbar: die Weiber) seiner Freunde.

16. Nachdem der Mond das Lotusantlitz dieses Mannes erblickt hat, nimmt er noch heute jeden Augenblick ein wenig ab, da er selbst während seines Aufganges (Glückes) ausser Stande ist, (seine Scheibe) von dem Flecken zu befreien.

17. Er gab Alternativen, wenn er einen Commentar zu liefern hatte, machte aber keinen Unterschied zwischen den Empfängern seiner Gaben, und floh nicht die Schlacht, wohl aber das Weib eines Andern.

18. Er harrte aus bei seinem Wort, aber nicht im Zorn, war bedeckt von Siegesruhm, doch keineswegs von den Sünden des *Kaliyuga*, und zögerte, wo er zu fehlen fürchtete, nicht aber im Dienste des Königs.

19. Er war erpicht auf die Erwerbung von moralischem Verdienst, doch niemals auf fremdes Eigenthum irgend welcher Art,

und machte keinen Unterschied zwischen seinen Freunden, wusste aber den Grad der Intelligenz (Anderer) wohl zu beurtheilen.

20. Er, der den Wandel derjenigen führte, deren Gemüth der geistigen Betrachtung schön erscheint, trieb wunderbarerweise offen das Diebshandwerk, ohne dass ihn in irgend welcher Hinsicht der Tadel der Welt traf, indem er dem Bettler die Armuth wegnahm, dem Feinde das Glück, dem Weibe das Herz, dem Liebesgott die Schönheit und dem unergründlichen Ocean die Tiefe.

21. Wenn auch der Schöpfer dem Schlangenkönig tausend Ohren verliehen hätte, würde dieser dann die Fluth der Tugenden jenes Mannes anhören und mit seinen Hunderten von Rachen aufzählen können?

22. Da der göttliche Ur-Eber die drei Welten zu erobern wünschte, machte er diesen in Erkenntniss seiner Tugenden zum Wächter des Gopâdri.

23—25. Dieser edle und leidenschaftslose Mann, welcher *Vavvâ* die Tochter des *Kanhuka*, welche seine geliebte Tochter *Somaṭâ* gebar, ferner *Goggâ* die Tochter des *Bhaṭṭa*, dann *Gaurî* die Tochter des *Mahâdeva*, *Sillâ* die Tochter des *Govardhana* und *Ìsaṭâ* die Tochter des *Nannaka* heimgeführt hatte, erbaute zur Vermehrung des moralischen Verdienstes der *Vavvâ* u. s. w. und seiner selbst diesen Tempel des Vishṇu, der ein ebener Pfad zur Seligkeit, ein gewaltiges Schiff zum Durchfahren des Oceans der Existenzen, der Same des Baumes des moralischen Verdienstes, der unendliche Früchte bringt[1], der beständige Wohnort der Glücksgöttin und gleichsam ein mit dem Meissel ausgehöhltes Behältniss seines Ruhmes ist, das mit den Silben seines Namens bezeichnet ist.

26. So lange die Meere unergründliches Wasser enthalten und so lange dieser hohe Berg auf seinem Haupte eine Menge von wolkenragenden Zinnen tragen wird, so lange möge dieser schöne Tempel[2] auf Erden bestehen und beide Welten (mit seinem Ruhme) erfüllen.

27. Im Monat Vaiśâkha des Jahres neunhundert und zweiunddreissig wurde *Vishṇu* in diesem lieblichen, aus einem einzigen Felsstück gearbeiteten Tempel voll Frömmigkeit aufgestellt.

Inschrift B.

Text.

[1] ओं नमो विष्णवे ॥ सम्वत्सरशतेषु नवसु त्रयस्त्रि[3]ंशदधिकेषु माघशुक्लद्वितीयायां सं ९३३ माघ शुदि २ अद्येह श्रीगोपगिरौ स्वामिनि

1) *anantaphaladam* gehört dem Sinne nach zu *dharmataroḥ*, nicht zu *bîjam*. 2) *kîrti* ist, wie es scheint, identisch mit *kîrtana* „Tempel"; siehe Ind. Ant. XII, 229. 289. 3) Das *s* der Gruppe स्त्रि ist unvollkommen ausgeführt.

[2] परमेश्वरश्रीभोजदेवे तदधिकृत[1] कोट्टपालथ्थे वलाधिकृत[2] तन्तके स्थानाधिकृत श्रेष्ठिवच्चियाक(।)इच्छुवाक(।)सार्थवाहप्रमुख सच्चिया-

[3] कानां वारे । समस्तस्थानेन वाइलभट्टसुताककारित वृषि-कालानदीपरकूले चट्टचट्टाणीपूर्णाग्रादिनवदुर्गायतना-

[4] य सभुज्यमाचू[3]डापल्लिकायामप्रतिबद्धभूमिखण्डं दैर्घ्येण पार-मेश्वरीयहस्तशतद्वयं सप्ततधिकं हस्त २७० विस्त[4]रेण

[5] हस्तशतमेकं सप्ताशीत्यधिकं हस्त १८७ पुष्पवाटिकार्थं पुन्ये[5]हनि प्रदत्त [॥] तथा ऽनेनैव स्थानेनास्मिन्नेव सम्वत्सरे

[6] फाल्गुनवऋलपक्षप्रतिपदि श्रीभोजदेवप्रतोलवतारे चानेनैव कारितवाइलभट्ट[स्वाम्यभिधानविष्णुला]यतनाय तथो-

[7] परिलिखितनवदुर्गायतनाय च पूजासंस्कारार्थं स्वभुज्यमान-वयपुराकग्रामे व्याघ्रकेछिकाभिधानहारमूला[वापे[6]]

[8] सङ्गडाकसुतदत्तकवाहितक्षेत्रं तथास्यैव क्षेत्रस्योत्तरतः चत्रि-यदेववर्म्मसुतमेम्माकवाहितक्षेत्रं च ययोगर्गो[7]पगिरीयमा-

[9] घेनावापो यवानां द्रोणा एकादश[।] तयोर्द्वयोरपि क्षेत्र-योराघाटाः पूर्व्वेण नण्डाकवाहितक्षेत्रं दक्षिणेन पाहाटः

[10] पश्चिमेन दत्तकवाहितक्षेत्रे पाहाटः ततो मेम्माकवाहितक्षेत्रे उत्तराभिमुखवाहकः क्षेत्रं परिवेष्ट्य गतः उत्तरेण वर्त्म

[11] लघुपाहाटिका च[।] एवं चतुराघाटविशुद्धक्षेत्रद्वयं पुन्येहनि प्रदत्तं ॥ तथास्मिन्नेव सम्वत्सरे फाल्गुनवऋलपक्षनवम्यां

[12] उपरिलिखितदेवकुलाभ्यां द्वाभ्यामपि दीपतैलार्थं श्रीसर्व्वेश्व-रपुरनिवासितैलिकमहत्तक भोद्धाकसुतसर्व्वस्वाक(।) तथा माधव-

---

1) Der über dem त stehende Riss ist vielleicht der Rest eines *e*. 2) Das त steht als nachträgliche Correctur unter der Linie. 3) Lies मानचू. 4) Der Riss hinter dem स्त ist vielleicht der Rest eines *â*. 5) Lies ण्ये. 6) Diese beiden Silben sind durch einen Riss zerstört und zweifelhaft. 7) Das *r* über गगो ist undeutlich.

[13] सुतश्यामशक्ति तथा शिवधरिसुतवाजक तथा सङ्गाकसुतग-
ग्गीक । तथा श्रीवत्सस्वामिपुरनिवासितैलिकमह-

[14] त्तक कुण्डाकसुतसिंघाक तथा मङ्गकसुतखोहडाक । तथा
घण्टिकाहट्टिकानिवादित्यहट्टिकयोर्न्निवासितैलिकम-

[15] हत्तक देउवाकसुतअज्जट तथा मञ्छिलाकसुतगोग्गाक तथा
देहूकसुतअम्बेक तथा रुद्रटसुतअम्महरि । एवमादि-

[16] समस्ततैलिकश्रेण्या प्रतिकोल्हुकं मासि मासि शुक्लनवम्यां
शुक्लनवम्यां तैलपलिका पलिका दातव्येत्यचयनी-

[17] मिका प्रदत्ता ॥ तथाधैवामूभ्यामेव देवकुलाभ्यां श्रीगोप-
गिरितलोपरिनिवासिमालिकमहर गाङ्गकसुतटिक्कूक

[18] तथा देहूकसुतआसेक तथा वङ्गलाकसुतसिहू[1]क तथा अम्बा-
कसुतसहडाक तथा दन्तिसुतदुर्ग्गधरि तथा मन्नुमाकवा-[2]

[19] उमाक तथा वेउवाकसुतवाय[टा]कादिसमस्तमालिकश्रेण्या
पूजार्थं यथाकालो[3]पयिकहट्टपुष्पैर्म्मा-

[20] ला: पा[4]श्चाशत् पञ्चाशत् माला ५० प्रतिदिनं दातव्येत्य[5]च-
यनीमिका प्रदत्ता [॥] एतदुपरिलिखित उपरिलिखि-

[21] तस्थानादिभिः स्वभुक्त्या आचन्द्रार्कक्षितिकालं प्रदत्तं [॥]
परिपन्थना के[6]रपि न कर्त्तव्या ॥ यतस्स्व[7]दत्तां परदत्तांम्वा यो

[22] हरेत वसुन्धरां [।] स विष्ठायां क्रमिर्भूत्वा पितृभिस्सह मो-
दते[8] ॥ बहुभिर्व्वसुधा भुक्ता राजभिस्सगरादिभिः । यस्य यस्य

[23] यदा भूमिस्तस्य तस्य तदा फलं ॥*॥[9]

---

1) Für हू könnte man auch हू lesen. 2) Lies मन्नुमाकसुतवा°. 3) Lies लो. 4) Lies प. 5) Lies दातव्या इत्य°. 6) Lies कै. 7) Lies यतः । स्व°. 8) Lies पच्यते. 9) Hierauf folgt eine unleserliche Kritzelei, die den Rest der Zeile 23 und vier weitere Zeilen ausfüllt.

Uebersetzung.

Om. Verehrung dem Vishṇu! Im Jahre neunhundert und dreiunddreissig, am zweiten Tage der lichten Hälfte des Monats Mâgha — *saṃ.* 933, *mâgha śudi* 2 — heute wurde hier zu *Śrî*-Gopagiri — während Seine Majestät *Śrî*-Bhojadeva die Regierung führte, der Burgwart Alla dieses (Gopagiri) waltete, *Tattaka* des Heeres waltete (und) der Gildemeister Vavviyâka, der Karawanenführer Ichchhuvâka und die übrigen (Mitglieder) des Ausschusses [1] der *Savviyâkas* (?) der Stadt walteten — von der ganzen Stadt dem von Alla, dem Sohne des Vâïllabhaṭṭa, am jenseitigen Ufer des Flusses *Vṛiśchikâlâ* erbauten Tempel der Neun Durgâs, nämlich des *Rudra*, der *Rudrâṇî*, der *Pûrṇâśâ* u. s. w., ein zu dem von ihr (der Stadt) besessenen Dorfe *Chûḍâpallikâ* gehöriges Stück Land in der Länge von zweihundert und siebenzig königlichen Hastas — *hasta* 270 — (und) in der Breite von einhundert und siebenundachtzig Hastas — *hasta* 187 — zur (Anlegung) eines Blumengartens an einem glückbringenden Tage geschenkt.

(Zeile 5.) Und von derselben Stadt wurde in demselben Jahre am ersten Tage der dunklen Hälfte des Monats Phâlguna dem von demselben Alla am Abstieg der Strasse des *Śrî*-Bhojadeva erbauten Vishṇu-Tempel, welcher den Namen Vâïllabhaṭṭasvâmin trägt, und dem oben genannten Tempel der *Neun Durgâs* zur (Bestreitung) der Begehung des Cultus in dem von ihr (der Stadt) besessenen Dorfe *Jayapurâka* in dem Haupt-Saatland (?) der Flur [2], welche den Namen *Vyâghrakeṇḍikâ* trägt, das von *Dallaka*, dem Sohne des Sañgaḍâka, bestellte [3] Feld und nördlich von diesem Felde das von *Memmâka*, dem Sohne des Kshatriya Devavarman [4], bestellte Feld — Die Aussaat dieser beiden (Felder) beträgt elf Droṇas Gerste nach dem Maasse von Gopagiri. Die Grenzen dieser beiden Felder sind: im Osten das von Naüḍâka bestellte Feld; im Süden ein Steinblock [5]; im Westen bei dem von *Dallaka* bestellten Felde ein Steinblock und bei dem von

1) *vâra* bedeutet hier vielleicht „diejenigen, welche an der Reihe waren". Die Bedeutung „Menge" passt nicht gut.

2) *hâr* „a village-common, the cultivated space immediately round a village". Bate's Hindee Dictionary.

3) Das Participium *vâhita* erklärt sich aus Hindi *bâhnâ* „pflügen".

4) Auch der Karawanenführer *Ichchhuvâka* = *Aikshvâka* (Zeile 2) und der Oelmüller *Jyâśakti* (Zeile 13) scheinen ihren Namen nach Kshatriyas zu sein. Die Gesetzbücher gestatten dem Kshatriya und selbst dem Brahmanen, die Lebensweise eines Vaiśya zu führen, wenn er ausser Stand gesetzt ist, sich durch Ausübung der Pflichten seiner Kaste den Lebensunterhalt zu erwerben. Siehe die Abschnitte über den sogenannten *âpaddharma* oder *âpatkalpa*, d. h. die im Falle der Noth geltenden Vorschriften: Gautama VII. Manu X, 81 ff. Yâjñavalkya III, 35 ff.

5) *pâhâṭa* = Hindî *pahâḍ*.

Memmâka bestellten Felde ein nach Norden führender Kanal[1], der das Feld einschliesst; im Norden ein Weg und ein kleiner Steinblock — die beiden so durch ihre vier Grenzen bestimmten Felder an einem glückbringenden Tage geschenkt.

(Zeile 11.) Und in demselben Jahre am neunten Tage der dunklen Hälfte des Monats Phâlguna wurde den oben genannten beiden Tempeln zur (Deckung des Bedarfes) an Oel für die Lampen von den in *Śrî-Sarveśvarapura* wohnenden Obersten der Oelmüller, nämlich Sarvasvâka Sohn des Bhochchhâka, Jyâśakti Sohn des Mâdhava, Sâhulla Sohn des Śivadhari und Gaggika Sohn des Sañgâka, von den in *Śrîvatsasvâmipura* wohnenden Obersten der Oelmüller, nämlich Singhâka Sohn des Kuṇḍâka und Khobaḍâka Sohn des Vallûka, von den in *Chachchikâhaṭṭikâ* und *Nimbâdityahaṭṭikâ* wohnenden Obersten der Oelmüller, nämlich Jajjaṭa Sohn des Deüvâka, Goggâka Sohn des Vachchhillâka, Jambeka Sohn des Deddûka und Jambahari Sohn des Rudraṭa, und von den übrigen (Mitgliedern) der gesammten Innung der Oelmüller eine unvergängliche Stiftung[2] (des Inhaltes) gewidmet, dass von jeder Oelmühle[3] am neunten Tage der lichten Hälfte jedes Monats je eine Palikâ Oel zu liefern sei.

(Zeile 17.) Und am selben heutigen Tage wurde denselben beiden Tempeln von den Obersten[4] der auf dem Plateau von *Śrî*-Gopagiri wohnenden Gärtner, nämlich Ṭikkûka Sohn des Gâbulla, Jâseka Sohn des Deddûka, Siddhûka Sohn des Vahulâka, Sahaḍâka Sohn des Jambâka, Durgadhari Sohn des Dantin, Vâümâka (Sohn des) Nannumâka und Vâyaṭâka Sohn des Veüvâka, und von den übrigen (Mitgliedern) der gesammten Innung der Gärtner eine unvergängliche Stiftung (des Inhaltes) gewidmet, dass täglich je fünfzig Kränze — *mâlâ* 50 — von solchen für den Markt bestimmten Blumen, welche je nach dem Zeitpunkt sich eignen, zur (Verwendung) beim Cultus zu liefern seien.

(Zeile 20.) Dieses oben Genannte haben die oben Genannten, nämlich die Stadt u. s. w., von ihrem Besitz auf so lange Zeit, als Mond, Sonne und Erde bestehen, geschenkt. Niemand soll (den nunmehrigen Besitzern) Hinderung bereiten. Denn (Vyâsa hat gesprochen): „Wer von ihm selbst oder von einem anderen geschenktes Land wegnimmt, der wird als Wurm im Koth wiedergeboren und sammt seinen Vorfahren (in der Hölle) gebraten". „Viele Könige haben seit Sagara die Erde besessen. Wann einem die Erde gehört, dann gehört ihm der Lohn (der Landschenkungen)".

---

1) *vâhaka* = Hindi *bâhâ*; siehe Grierson's Bihâr Peasant Life, p. 211.

2) Mit *akshayanîmikâ* (Zeile 16 und 20) vergleiche *akhayanivi* in den Nâsik-, Kaṇheri- und Junnar-Inschriften.

3) *kolhuka* = Hindi *kolhû*; siehe Grierson, l. c., p. 46.

4) Mit *mâlika-mahara* vergleiche *tailika-mahattaka* (Zeile 12, 13, 14) und *mahar* „a chief" (Bate).

Eine Inschrift des Chauhân Chaṇḍamahâsena von Dholpur.

Diese Inschrift ist auf einem grossen schwarzen Stein eingegraben, welcher in der Residency zu Dholpur, der an der Bahn von Agra nach Gwalior gelegenen Hauptstadt des gleichnamigen Staates, aufbewahrt wird. Sie besteht aus 26 Zeilen, welche 26½ Strophen enthalten. Die Schrift ist eigenthümlich verschnörkelt und zum Theil nachlässig, die Sprache sehr fehlerhaft. Es ist mir daher nicht möglich gewesen, auf Grund zweier an Ort und Stelle angefertigter Facsimiles alle Strophen mit voller Sicherheit zu lesen und zu verbessern. Eine neue Vergleichung des Originals würde vielleicht einige unsichere Stellen aufhellen.

Die Inschrift beginnt mit einer Anrufung des Sonnengottes (*Bhâsvat*, *Bhâskara*), dessen Schutze der König Chaṇḍamahâsena empfohlen wird (Strophe 1, 2). Von dem letzteren wird folgende Genealogie gegeben.

Îsuka (3).

Mahisharâma (4), vermählt mit Kaṇhullâ (5), welche *sati* wurde (6).

Chaṇḍamahâsena oder Chaṇḍa.

Dieser gehörte zum Chauhân-Geschlechte (*Châhavâṇavaṃśa*, 9). Er machte zu den Zeiten einer Eklipse (*râhûparodhaparvan*), des Eintrittes der Sonne in ein neues Sternbild (*saṃkrânti*) und eines Solstitiums (*ayanâdi*) Schenkungen an Brahmanen (12, 13). Die an beiden Ufern der Charmaṇvatî residirenden, tapferen Mlechchha-Fürsten erwiesen ihm Verehrung (17). In der Stadt (Dholpur) lebten von ihm besiegte Häuptlinge (*pallîpati*), Anirjita und andere (18).

Chaṇḍamahâsena pflegte in einem Walde bei Dhavalapurî (Dholpur) zu jagen (19—21). Dort baute er einen Tempel des Chaṇḍasvâmin[1] (22). Das Datum der Einweihung (*pratishṭhâ*) des Tempels war *Vikrama-saṃvat* 898, *vaiśâkha śudi* 2, Sonntag, als der Mond in dem Sternbild *Rohiṇî* stand (23, 24). Ferner legte der König nördlich (von dem Tempel) einen Teich (*taṭâka*, 25) an und mauerte eine Cisterne (*vâpî*, 26). Die unvollendete Schlussstrophe scheint die Pracht des umgebenden Parkes zu schildern.

Mit dem in der Inschrift erwähnten Teiche ist vielleicht der auf einem Hügel in einiger Entfernung von Dholpur gelegene, von

1) *Chaṇḍa* ist zwar ein Name des Śiva. Da aber im Eingang der Inschrift der Sonnengott angerufen wird, so hat man wohl bei *Chaṇḍasvâmin* an einen Sonnentempel zu denken, welcher nach dem Namen des Stifters (Chaṇḍa) benannt ist. So sind in der oben publicirten Inschrift aus Gwalior ein Vishṇu-Tempel nach dem Vater des Stifters, und in einer früher veröffentlichten Inschrift aus Ṭiṇṭâṇâ zwei Liṅgas nach den Eltern des Stifters benannt (Ind. Ant. XI, 337). Zahlreiche Beispiele dieser Sitte finden sich in Kalhaṇa's Râjataraṃgiṇî.

Ghâṭs und Vishṇuitischen Maṭhs[1] umgebene Teich von Machhkuṇḍ gemeint, den mir Herr Umâcharaṇa Mukarji, Privat-Secretär S. H. des Râjâ von Dholpur, zu zeigen die Güte hatte.

Text.

[1] ओं ओं नमः [।] श्रिमा त्रिलोक्यदीपः प्रवतजनमनोवा-ञ्छितलोह दाता (।) नित्यं लोके पदार्थप्रकटनपटवो भानवो यस्य दीप्र । साध्यन्ते सत्व[. -]

[2] प्रतपति भुवने मोक्षधर्म्मर्थसाराः (।) भास्वाम् पद्मालयाद्ः सकलमूनिमुतो मङ्गल वः प्रकुर्यात् । [१] विप्राः समुनयो देवाः संध्यायां यमूपासाते । स श्री-

[3] चण्डमहासेन भास्करोव्याद्वारप्रदः । [२] आसीदनेकगुणवृ-न्दनिवासभूमिः सौम्य क्षपालुरनघो विजितारिवर्गः । मानी सुचिः प्रनयीपुरितवाञ्छि-

[4] तार्थः श्रीरीसुक कृतयुगानुकारस्वभावः । [३] तस्माभुद्दान-मानानघरत्नविजयोपार्ज्जिताशेषकीर्त्तिः (।) विद्वन्मार्ग्गप्रवृत्तो निजकु-लतिलकः धीम-

[5] निश्शेषशास्त्रः [।] धिमान् धिरो धरायां प्रथितवहुगुणप्रीणि-ताशेषदेवः (।) पुण्यो रामानुकारी जगति महिषरामः स्वभावैर्व्वि-शालैः । [४] तस्यासीद्विम-

[6] ला प्रिया सुरुचिरा तम्वी मनोहारिणी (।) दीर्ग्घलोचनमो-नता जनागुता सौम्या[क]ळङ्का शुभा । सश्रीका निजवंशशम्भुशिरसञ्चु-डामणिर्य्या मता (।)

---

1) Dass der Vishṇuismus zur Zeit des Chaṇḍamahâsena in Dholpur blühte, darf man vielleicht aus Strophe 8 entnehmen, wo der König ausführlich mit Hari verglichen wird. Auch wird Mahisharâma in Strophe 4 mit Râma verglichen.

Zeile 1. Lies श्रीमास्त्रि°, °जनमनोवाञ्छितलोह, दीप्राः oder तीव्राः. — Zeile 2. Lies °धर्मार्थ°, भास्वान्, °मुनिनुतो मङ्गलं, यमुपासते. — Zeile 3. Lies °द्वर°, सौम्यः, शुचिः प्रणयिपूरित°. — Zeile 4. Lies °सुकः, °नुकर°, तस्माभूद्दा°. — Zeile 5. Lies °शास्त्रः. धीमान्धीरो. — Zeile 6. Lies तन्वी, जनगुता सौम्याकलङ्का, °चूडा°.

[7] कण्ठस्य नवचन्द्रमूर्त्तिसदृशी लावण्यकान्त्यावृता ॥ [५] सा श्रीषण्डमहासेनं पुत्त्रं पुत्त्रार्थसाधकं । प्रसूय भर्तृसमेता प्रविश्याग्नौ दिवं गता ॥ [६] यस्त्यागस्थिर-

[8] तादिभिर्गुणगतोरेकाधिवास कृता: (।) यं विद्वेषिगण प्रणम्य लभते पूर्व्वतिरिक्तां द्युतिं । स शीषण्डमहीपतिश्चिरमसौ न्यायेन रक्षन् क्षितिं (।) [अ]व्याञ्जी-

[9] वति यत्त्र जिवति जन: पैशुन्यशुन्य सुखं ॥ [७] क्षाम शक्ति-युतो विशालनयनो विश्रामभुमि सतां (।) सव्य: संगतवृद्धिद: सुच[रि]तै: ख्यातिं गत: सद्गुण: । [प्र]-

[10] ध्वस्तरिगण: प्रतापनिकष: मार्ग्ग सतां संस्थित: (।) सादृश्यं हरिणा परं स ह गत: शीचण्डनामा नप: । [८] आदौ तनुर्व्विततर खलु मध्यदेशे (।) येनानवर्त्तनगु-

[11] ण: स्खलितोपि यायी [।] श्रीषाहवाणवरभूपतिचारुवंशो गङ्गाम्बुवाहसदृशो ननु माणतान्त ॥ [९] प्रसाधनविधौ येन (।) विद्विष: करपो[तकै]: [।] संको[चि]ता स्व-

[12] कान्तानामलका इव लीलया ॥ [१०] अनवरतलचहेमज-[धूमाकुल]गगनमध्यपरीवर्त्ति [।] मूह्यति परं स्वमार्ग्गे भास्कररथसा-रथी यस्य ॥ [११] राष्ट्रपरो-

[13] धपर्व्वणि गोदशशतविप्रसंप्रदानेन ॥ लच्मी प्रवर्द्धते ऽस्य वि-धिना भुक्ता इति परितुष्टा ॥ [१२] संक्रान्तावयनदौ विप्राभ्यो यद्ददति तुष्टामना: ।

Zeile 7. Lies °श्च. — Zeile 8. Lies °गुणशतैरेकाधिवास: कृत:, °गण:, पूर्व्वाति°, स श्री°. — Zeile 9. Lies यत्र जीवति, °शून्य:. क्षाम:, °भूमि:, सेव्य:. — Zeile 10. Lies °स्तारि°, °निकषो मार्गे. श्रीषण्डनामा नृप:, °र्व्विभुतर: (?), येनानि°. — Zeile 11. Lies मण्डला-न्तम् (?), °चिता:. — Zeile 12. Lies °होम°, °परिवर्ती. मुह्यति, °रथि-र्यस्य. — Zeile 13. Lies लक्ष्मी:, °नादौ विप्रेभ्यो यद्ददाति तुष्टमना:.

[14] विस्मितहृदयो विधिरपि तेनास्ते किं पुनर्लोक ॥ [१३] व्यत्पद्यन्ते यस्य प्रतिदिनमाभिनवरसा नवाभ्यधिकाः । [आ]तोद्यविदां सम्य[क् प्रे]क्षणके

[15] नित्ययुक्तानां ॥ [१४] आभियुक्ततरद्विजवेदाध्ययनश्रवणभूरि-भयभीतं । मूर्खहृदयवत्पापं म ढौकतो यस्य गृहभुमौ ॥ [१५] अन[व]-र[त]वरतु[रंगमवा]-

[16] हनलीलारसाहतोरुगिरि । ऊर्द्ध गच्छन् जनयति [रोहो] शङ्कां रथ यस्य ॥ [१६] चर्म्मन्वतीतटद्वयसंस्थितम्लेच्छाधिपाः प्रवरसू-राः [।] ईप्सितणा

[17] प्रनता सेवां कुर्व्वन्ति यस्यानु ॥ [१७] यस्य प्रतापसिद्धाः पल्लीपतयो ह्यनिर्ज्जितप्रमुखाः [।] गुरुभारक्रान्ता इव भ्रमन्ति नगरे वि-नमिताङ्गा ॥ [१८]

[18] श्रिचण्डमहासेन प्रचण्डरिपुदर्प्पसातनः स इह । धवलपु-रीतो व्रजति [च] आहेटककौतुकस्तेन ॥ [१९] अ[ट]वि दृष्टा चेयं रवणीया रम्य-

[19] वृघगुणयोगात् । विषमतरदुर्ग्गगहना प्रतिदिनमभिगच्छता तेन ॥ [२०] सार्दूलसिंघसूकरवृकहरिणशिवाकुला भीमा । आ-

[20] सन्नस्थितसलिला योग्या देवालयस्य सदा ॥ [२१] शाभत-रद्दातपुन्योदयसमार्ज्जिताऽशेषद्रव्यनिचयेन । चण्डस्वामिनिवेश[स्य]-

Zeile 14. Lies °र्लोकः, व्युत्प°, °नमभि°, आतोद्य°. — Zeile 15. Lies अभि°. Die Caesur fällt gegen die Regel in die Mitte des Wortes वेद. Lies न ढौकते, °भूमौ. — Zeile 16. Lies °गिरिः, ऊर्ध्वं, राहोः, रथो, चर्मण्वती°, °संस्था für °संस्थित° des Metrums wegen, °शूराः, ईप्सित°. Vor णा fehlen zwei Kürzen oder eine Länge. — Zeile 17. Lies प्रणताः, °भा-रा°. Die Gruppe *nt* in भ्रमन्ति sieht wie *ml* aus. Lies °ताङ्गाः. — Zeile 18. Lies श्रीचण्डमहासेनः, °शातनः, आखेटक°, अटवी, रम-णीया. — Zeile 19. Lies शार्दूलसिंह°. — Zeile 20. Lies शुभ°, °पुण्यो°. Streiche नि nach द्रव्य des Metrums wegen und lies °चयेन.

[21] षष्ठेन हतः प्रपञ्चेन। [२२] वसु नव ष्टौ वर्षा(ः) गतस्य कालस्य विक्रमाख्यस्य[।] वैशाखस्य सिताया रविवारयुतद्वितीयायां। [२३] चन्द्रे रो-

[22] हिणिसंयुक्ते लग्ने सिंघस्य शोभने योगे। सकलकृतमंगलस्य प्रभू मतिछाछ भचनस्य। [२४] गम्भीरं विपुलं शुभासयमलं

[23] सन्तापहृत्सेवितं(।) जंतूनां मनसः प्रसादजननं सेव्यं शुभं निर्म्मलं। कोवेर्यां दिशि संस्थितं च सुमहत् श्रेष्ठं तटाकं ततः(।) चि-

[24] तस्येह सता विभाति सदृशं तेनैव तन्तानितं। [२५] य-त्कीर्त्या जगति प्रकाशितमलं तन्त्रोच शुभ्र यंसः(।) नानापचिगणा-रवैः श्रुति-

[25] सुखिचण्डस्य तन्नियते। पूर्वेणापि शिलाचयैः सुघटितैर्बद्धा विशाला कृता(।) वापी तस्य विभाति पुन्यनिचयस्याशोनिधिः

[26] साश्वतः। [२६] आम्राली निम्बपंक्तिर्बरवाकुलयुता चम्पका शिंशुसञ्चाः(।) सञ्जाती मल्लिकानां सततकुसुमिता पंक्तयः षट्पदस्य[।]

Eine Schenkungsurkunde aus Assam.

Diese Inschrift wurde der Asiatischen Gesellschaft von Bengalen durch Mr. W. Winckler, Assistant Executive Engineer zu Tezpur, einer am Brahmaputra nördlich von Nowgong gelegenen Stadt in Assam, übersandt. Sie besteht aus fünf Kupfertafeln, die durch einen Ring, ohne Siegel, zusammengehalten werden. Die Schrift ist schön und deutlich und ähnelt dem modernen Bengâli.

Die Inschrift enthält 29 Strophen. Sie beginnt mit einer Anrufung des Gaṇeśa (Strophe 1) und der Eber-Incarnation des Vishṇu (2). Die *vaṃśâvali* (3—12) enthält folgende Namen einer Königsfamilie, welche nach ihrem Gründer Bhâskaravaṃśa[1] genannt wird.

Zeile 21. Das Metrum verlangt अष्टौ ohne Aufhebung des Hiatus nach नव. — Zeile 22. Streiche सं vor युक्ते des Metrums wegen. Lies सिंहस्य, प्रभूत्, शुभाशय°. — Zeile 23. Lies कौबेर्यां. — Zeile 24. Lies °त्तस्येह, शुभ्रं यशः. — Zeile 25. Lies तन्नीयते, पुण्य°, °स्याम्भो°. — Zeile 26. Lies शाश्वतः, °बकुल°, चम्पकाः, °मिताः, षट्पदाख्याः (?).

1) Tafel II B, Zeile 2. Vgl. auch IV B, 5.

Bhâskara aus dem *Chandravaṃśa.*

|

Râyârideva.

|

Udayakarṇa.

Niḥśaṅkasiṃha, vermählt mit *Ahiavadevî.*

|

Vallabhadeva.

Von Râyârideva wird berichtet, dass er seinen Feind in einer Schlacht besiegt habe, bei welcher Elephanten von *Vaṅga* betheiligt waren. Diese Nachricht bezieht sich möglicherweise auf einen Krieg mit einem König von Bengalen. Das Verwandtschaftsverhältniss, in welchem Niḥśaṅkasiṃha zu *Udayakarṇa* stand, wird nicht angegeben. Vielleicht war Udayakarṇa nur ein *biruda* des Niḥśaṅkasiṃha. Letzterer war ein Verehrer des Gaurîpati (Śiva). Sein Sohn Vallabhadeva trug die birudas *Nârâyaṇa* (Tafel III A, Zeile 7) und *Śrîvallabha* (III A, 8; IV B, 7). Er erlegte die Büffel mit seinen Pfeilen, handhabte Schwert und Dolch und lenkte Gespanne von *Kâmboja*-Rossen.

Auf den Stammbaum folgt die eigentliche Schenkungsurkunde (Strophe 13—22). *Vallabhadeva* stiftete in der Provinz Hâyyachâ(?)[1] bei Kîrtipura in Gegenwart eines Mahâdeva (liṅga), um seiner Mutter die Seligkeit zu erwerben, auf Befehl seines Vaters (also noch als Kronprinz) ein Speisehaus (*bhaktaśâlâ*)[2] für die Hungerleidenden. Zur Versorgung dieses Speisehauses bestimmte Vallabhadeva im Jahre 1107 der *Śaka*-Aera sieben Dörfer und fünf Leute. Für die Richtigkeit der Umschreibung der bei Gelegenheit der Schenkung erwähnten Orts- und Personennamen (Tafel IV A, Zeile 6 f.; IV B, 1—4) kann ich nicht bürgen, da in der Inschrift die Buchstaben म, स und च, र, व oft verwechselt, प und य einander ganz gleich geschrieben werden, und da mir die Hilfsmittel zur Identification jener Eigennamen fehlen. Der Schluss der Inschrift (Strophe 23—29) enthält die üblichen Mahnungen an spätere Fürsten.

Text.

Tafel I.

[1] ओं ओँ नमो भगवते वासुदेवाय । यन्नखण्डमण्डल-

[2] तटीप्रकटाक्षिमाला वर्णावलीव खदने(?) खलु म-

[3] ङ्गलस्य । लम्बोदरः स जनतां यशसां प्रसारमा-

---

1) Die zweite Silbe dieses Wortes könnte ebensowohl *pya* oder *ppa*, die dritte auch *râ* oder *vâ* gelesen werden.

2) Tafel V, Zeile 3 *annasattra* genannt.

[4] नन्दतां द्युमणिना सह यावदिन्दुः ॥ [१] पातालपल्व-

[5] लतलाद्दिवमुत्पतिष्णोर्व्विष्णोः पुनातु जतरुष्टि-

[6] तनोस्तनुर्व्वः । यत्तुण्डखण्डधृतभूनलिनीदलस्य ग्रा-

[7] लूकनालसदृशौ कमठोरगेन्द्रौ ॥ [२] आसीद्भूमीभु-

Tafel II A.

[1] आम्मौलिमणिना नवचन्द्रिका । येनोपानद्बुधे-

[2] कारि चन्द्रवङ्शे स भास्करः ॥ [३] तस्मात् शौर्यविभाव-

[3] सोर्व्वसुमतीविश्वासजातप्रियो जज्ञे युद्धधुरन्धरो

[4] रिपुवधूवैधव्यबद्धध्वजः । यस्मिन्[1] श्रीरपवादमु-

[5] ज्ज्वलतमं लोलेति जीवावधि चिक्षेप प्रतिपक्षलक्ष-

[6] द्लनो रायारिदेवो नृपः ॥ [४] येनापास्तसमस्तशस्त्र-

[7] समयः सङ्ग्रा[म]भूमौ रिपुश्चक्रे चक्रकरीन्द्रसङ्गवि-

Tafel II B.

[1] षमे साटोपयुद्धोत्सवे [।] येनात्यर्थमयं स्वयं सफलित-

[2] : चै[2]लोक्यसिंहो विधिः सोभूद्भास्करवङ्शराजितिल-

[3] को रायारिदेवो नृपः ॥ [५] उदयमुदयकर्ण्णः पूर्ण्णचन्द्र-

[4] : सुमेरौ विबुधसमभिरामे राज्ञि रायारिदेवे । कर-

[5] विभवकलापैर्न्नन्दयन् सर्व्वलोकान् दधदिह पद-

[6] माप क्ष्माभृतां मस्तकेषु ॥ [६] निःशङ्कसिंहनृपतेरिह ना-

[7] रपत्वे भूमीभुजः स्वभुजवीर्यसमुत्सृ[3]तानि । सन्तत्यजु-

Tafel III A.

[1] र्यदि न वा गिरिकन्दरेपि तिष्ठन्ति दारविभवाः कथमन्यथा
वा ॥ [७] रा-

[2] ज्ञो निःशङ्कसिंहस्य महिषी प्राणसम्मिता । नामाहिल्लदेवीति सा-

[3] सीत्तस्यां प्रतिष्ठितम् ॥ [८] निःशङ्कसि[4]हनृपमानसराजहंसी स[5]ङ्गार-

1) Lies न्. 2) Lies त्रै. 3) Lies च्छ्रि. 4) Lies सिं. 5) Lies शृ.

[4] केलिकुलकैरवचन्द्रकान्तिः [।] संशी[1]रसारसरसीसरसीरुहश्री-

[5] राविर्ब्बभूव सुयमैकनिवासभूमिः ॥ [९] ताभ्यामुग्रतपःप्रभा-

[6] वसमुदितात् संलभ्य गौरीपते यः[2] (।) सर्व्वैर्म्नृपवीरपुत्र-

[7] गरुडे ना[3]रायणो गीयते । लब्धः पुत्रतया प्रसादमतु-

[8] लं श्रीवल्लभो वल्लभदेवो वैरिकुमारवारवनिताविक्रा-

Tafel III B.

[1] न्तिलीलापतिः ॥ [१०] यस्याखेटकठोरपाटनपटोराटोप-

[2] मालोकितुं (।) आ मूलाना[4]हिषावली[5] प्रविशतः शम्यस्य दे-

[3] वव्रजाः । आयाता जय वल्लभेत्यनुययुः सर्व्वे वचोभिर्म्मु-

[4] दा तत्रैको विमुखः स्वकाशरपरित्राणाय यातो यमः । [११]

[5] खड्गायुधश्चः कु[6]रिकारमुख्यो धानुष्कविद्याप्रथमैकरे-

[6] खः । काम्बोजवाजिव्रजवाहनेन्द्रयन्ताभवद्वल्लभदेव ए-

[7] व ॥ [१२] हाव्यवामण्डलमध्यस्ये[7] महादेवस्य सन्निधौ । भक्त-

शी[8]ला सु-

[8] धार्त्ताना[9] कीर्त्तिपूर्व्वपुरः पुरः । [१३] ददे वल्लभदेवेन निःशङ्कसि[10]-

Tafel IV A.

[1] हसूनुना [।] अक्षयस्वर्ग्गलाभाय अनन्या अनकाशया ॥ [१४]

एतस्या भ-

[2] क्तशालाया निर्व्वाहार्थं महाभुजः । विशालकीर्त्तिशालिन्याः श्री-

[3] मान्वल्लभदेवकः ॥ [१५] शाके नगनभोरुद्रैः संख्याते चोत्तराय[ण] [।]

[4] सु[11]भे शुभे क्षणे राशौ स[12]स्ते व्यस्ततमोगुणः ॥ [१६] स[वा]ट[13]-

विटपा[न्]

1) Lies सा. 2) Lies तेर्यः. 3) Lies ईर्मा. 4) Lies श्म.
5) Lies ली. 6) Lies श्छु. 7) Lies स्य° oder स्या? 8) Lies शा.
9) Lies र्गा. 10) Lies सिं. 11) Lies शु. 12) Lies श. 13) Lies
सावट oder सावाट: über *âvâṭa* = *avaṭa* siehe Childers, Pâli Dictionary.

[5] ग्रामान् सजलान् सजलस्थलान्[।] ददौ स पुरतः श्री[1]मासंस्थिता-

[6] न्नामलेखितान् ॥ [१७] चाडी देवूनीकोष्ठी च स[ख्या]पीगापि
वञ्जकः [।]

[7] संग्रहीकोष्ठिका चैव डो[ग्री]पाटकसंयुता[॥ १८] सोष्ठीपाटकस[2]श्च-

[8] च सप्त ग्रामानिमान् शुभान्॥ सीमा च लिखिता यत्नात[3] भूम्याक-

Tafel IV B.

[1] र्षकग्रासणी[॥१९] पूर्व्वतो मुण्डकाश्वत्थः पश्चिमे गोभरीधरः। उत्तरे

[2] राजकानिश्च दक्षिणे कर्द्दमानिका ॥ [२०] एतत्सी[मा] बहिस्कृ[4]त्व
मेतडा-

[3] द्वारिपाटयोः[।] मध्ये वट[5]पाटका दत्ता चपडाहेडिका तथा।[२१] च-

[4] ठिपाधरवाथोला लोहतडीरसायणी[।] इति पञ्च सहायाश्च पुत्र-

[5] दारसमन्विताः॥[२२] आ भास्कराद्परिमाणपरंपरीणराज्ये भवे-

[6] यदि नृपः कतमो मदीये[।] तं तुङ्गमङ्गलगिरा प्रणयात् ब्र[6]वीति

[7] श्रीवल्लभो मम यशः परिपालयेति ॥ [२३] अस्मद्वंशे परिक्षीणे

[8] कोपि स्याद्यदि भूपतिः[।] तस्याको नाम तस्याहं यो मे की[र्त्तिं प्र-]

[9] लुम्पति॥[२४] इति लिखितसमस्ते सीमसंभिन्नदेशे विदधति यदि

Tafel V.

[1] केचित् क्वापि पापं कदाचित[7][।] तदिति समवदध्वे ब्राह्मणी-
र्वेदविद्भिः

[2] सपदि दिशति तेषां शाकिमयो वराहः ॥ [२५] इह सुरपुर-
याचामिच-

[3] पावेन्नसत्त्रे चक्षमशु च विधत्ते योनुकूलं हदापि[।] स इह सकलस-

[4] म्पद्भाजनं निर्ज्जितारिरभिमतसुरलोके मोदतेमुत्र चैव॥[२६] यदि-

[5] ह सहजधर्म्मा धर्म्मकर्म्मैकचित्ताः किमपि किमपि कर्म्म क्वापि

---

1) Lies सी. 2) Lies सं. 3) Lies त्. 4) Lies ष्कृ. 5) Lies ट्.
6) Lies ब्रू. 7) Lies त्.

[6] ये कुर्व्वंते ते[।] इह दधतु विभूतिं पुत्रपौत्रैरमुत्र विविधमभि-
लभन्तां स्वर्ग्ग-

[7] मव्ययमुग्रं ॥ [२७] स्वदत्तां परदत्तां वा यो हरेत वसुन्धराम् ।
स विष्ठायां

[8] कृमिर्भूत्वा पितृभिः सह पच्यते ॥ [२८] बहुभिर्व्वसुधा दत्ता रा-
जभिः सगरादि-

[9] भिः । यस्य यस्य यदा भूमिः त[1]स्य तस्य तदा फलमिति ॥ [२९] ॥

Zwei Steininschriften der Chandella-Dynastie im Museum zu Allahabad.

A.

Auf diese fragmentarische Inschrift beziehen sich wahrscheinlich die beiden folgenden Bemerkungen: „One of the Mahoba inscriptions gives the genealogy from Dhañga to Kîrtivarman, but its date is lost"; Arch. S. II, 447. „An inscription, now apparently lost, which General Cunningham found at Mahoba, gave the Chandel genealogy from Dhañga to Kîrtivarman"; V. A. Smith, J. As. Soc. Bengal, L, 10.

[1] ओं ओँ नमः शिवाय ॥ जयत्याश्चर्यनिःकंपमहि[मा × – –
⏑ – | × × × × × × × × × × × × – – ⏑ – ॥ १ ॥ – – –
⏑ ⏑ – ⏑ .. ⏑ ⏑ ⏑ – – – ⏑ – – ⏑ – ⏑ – ⏑ ⏑ ⏑ – – –
⏑ – – ⏑ – | – – – ⏑ ⏑ – ⏑ – ⏑ ⏑ ⏑ – – ⏑ –]

[2] नाः सतां शस्तत्पक्षपयन्तु मौलिग्रसिनः श्रेयो मयूखाङ्कु-
राः ॥ [२] एतस्य विश्व[⏑ ⏑ – ⏑ – – ⏑ – × – ⏑ – – ⏑ ⏑ – ⏑ – ⏑ –
× – ⏑ – – ⏑ ⏑ – – – ⏑ ⏑ – × – ⏑ – – ⏑ ⏑ – – ⏑ ⏑ – ॥ ३ ॥ – –
– ⏑ ⏑ – ⏑ – ⏑ ⏑ ⏑ – – .. ⏑ – – – ⏑ – – – ⏑ ⏑ – –]

[3] प्रतिकलं स्फारीभवन्मण्डलः । पीयूषैः प्रतिवर्द्धितैरहरहः स्वै-
र्व्विश्वमाप्याययन्य[– – ⏑ ⏑ – ⏑ – ⏑ ⏑ ⏑ – – – ⏑ – – – ⏑ – ॥ ४ ॥ – –
– ⏑ ⏑ ⏑ ⏑ – – ⏑ ⏑ – – ⏑ – – – ⏑ ⏑ ⏑ ⏑ – – ⏑ – – – ⏑ –
– | – – – – ⏑ ⏑ ⏑ ⏑ ⏑ . – ⏑ – –]

[4] वतंसो वंशस्तस्मादजनि रजनीवल्लभाविम्बकान्तः ॥ [५] ततः
पप्रथिरे वीराः कश्चिद्व्याघ्रा[⏑ – ⏑ – | × × × × × × × ×
× × × × ⏑ – – ⏑ – ॥ ६ ॥ .. – – ⏑ ⏑ – ⏑ – ⏑ ⏑ – – – ⏑ – –
⏑ – – – – ⏑ ⏑ – – ⏑ – ⏑ ⏑ – – – ⏑ – – ⏑ – | – – – ⏑ ⏑ – ⏑ – ⏑]

1) Lies स्त.

[5] कुसुमान्याशास्वपल्लोल्लसत्क्षीराम्भोधितरंगरंगणकला: क्रीडन्ति यत्कीर्त्तय: ॥ [७] आसीन्नारायणस्तेषु [मु × × × ⏑ – ⏑ ⏑ – | × × × × × × × × × × × × ⏑ ⏑ ॥ ८ ॥ × ⏑ – ⏑ ⏑ – ⏑ – × – ⏑ ⏑ ⏑ ⏑ | × ⏑ ⏑ – ⏑ ⏑ ⏑ – × ⏑ – – ⏑ ⏑ –]

[6] स्य लोक: ॥ [९] जेजाख्ययाथ नृपति: स बभूव जेजाभुक्ति: पृथोरिव यत: पृथिवीयमासीत् । वीजाह्वयस्तदनुज[⏑ – – ⏑ – – ⏑ – ⏑ ⏑ ⏑ ⏑ ⏑ ⏑ ⏑ – ⏑ – – ॥ १० ॥ × ⏑ – – ⏑ ⏑ ⏑ × – ⏑ – – ⏑ – ⏑ ⏑ – | × – ⏑ – – ⏑ ⏑ – ⏑ – – × ⏑ ⏑ ⏑ ⏑]

[7] भुव[1] ॥ [११] हतरिपुकरिकुम्भमुक्तमुक्ताप्रकरमिषेण चकार ला-जवृष्टिम् । असिवलभिगतेव यं विलोक्य स्फुटरणराज[⏑ – ⏑ ⏑ ॥ १२ ॥ × – ⏑ – – ⏑ ⏑ – ⏑ – – × – ⏑ – – – – – | × – – ⏑ ⏑ – ⏑ ⏑ – × – ⏑ – – ⏑ ⏑ ⏑ ⏑ ⏑ – ॥ १३ ॥ – ⏑ ⏑ ⏑]

[8] बभूव निविडं व्योमाङ्गणे संगलत्त्वङ्गत्तुङ्गतुरङ्ग[पु]ङ्गवखुरक्षु-ण्णाश्मोत्थं रज: । क्रुध्यत्सारथयो यथा सरलितग्रीवं मुखैर्नामिति-[व – – ⏑ – ⏑ – ⏑ – ⏑ ⏑ – ⏑ ⏑ – ⏑ ⏑ ॥ १४ ॥ ⏑ ⏑ ⏑ ⏑ ⏑ ⏑ ⏑ ⏑ ⏑ – – – ⏑ – ⏑ ⏑ ⏑ ⏑ ⏑ ⏑ ⏑ | – ⏑ – ⏑ ⏑ ⏑ ⏑ ⏑]

[9] मलामृतानि वेलापयोनिधितटानि समुल्लसन्ति ॥ [१५] सान्द्रै: श्वेतातपत्रैर्विकसितकमला सोर्म्मिमालाश्ववृन्दैरभ्रज्ञ्गीमनक्ता ध्वजमक-रमुखैर्व्विभ्वि[ति – ⏑ ⏑ | ⏑ ⏑ – ⏑ ⏑ ⏑ ⏑ ⏑ ⏑ ⏑ ⏑ ⏑ ⏑ ⏑ – ⏑ – – – – – – ⏑ – ⏑ ⏑ ⏑ ⏑ ⏑ ⏑ ⏑ ⏑ ⏑ ॥ १६ ॥ ⏑ – ⏑ ⏑ ⏑]

[10] निर्म्मितवैरिभङ्ग: श्रीधङ्ग इत्यवनिमङ्गलमाविरासीत् । सा-रेण य: स्वभुजयोर्भुवनातिभारं हंवीरमप्यतिवलं तुलयांचकार ॥ [१७] सोयं देवसरित्पति: [⏑ ⏑ – – – ⏑ ⏑ – ⏑ – – ⏑ – ⏑ ⏑ ⏑ ⏑ ⏑ – – – ⏑ – ⏑ ⏑ | ⏑ – ⏑ ⏑ ⏑ ⏑ ⏑ – ⏑ ⏑ ⏑ – – ⏑ – – ⏑ –

[11] वज्रद्वीपजयोद्यम: समभवद्व्रीडाविलक्ष: क्षणम् ॥ [१८] तस्मा-दभूद्भुजधृताखिलभूमिखण्ड: श्रीमण्ड इत्यवनिमण्डनमेकवीर: । यत्प्र-चण्डकोपशिखि[2][– ⏑ ⏑ – ⏑ ⏑ – ⏑ ⏑ – ⏑ ⏑ ⏑ – ⏑ ⏑ ⏑ ॥ १९ ॥ ⏑ ⏑ ⏑ ⏑ ⏑ ⏑ – ⏑ ⏑ – – ⏑ – ⏑ – ⏑ ⏑ ⏑ – – – – ⏑ ⏑ ⏑]

[12] लवै:[3] । तदनु तरलैर्लीलादष्टाधरा मधुपत्रजैर्व्विपिनतरुभि: स्वैरं भुक्ता इहा यदरिस्त्रिय: ॥ [२०] तस्मादसौ रिपुयश:कुसुमाहरो-

---

1) i. e. बभूव. 2) i. e. शिखिना. 3) i. e. पल्लवै:.

भूद्विद्याधरो नृपतिर|प्रति – ⏑ – – | – – ⏑ – ⏑ ⏑ – ⏑ ⏑ – ⏑ – –
⏑ ⏑ ⏑ ⏑ ⏑ – ⏑ ⏑ – ⏑ – – ॥ २१ ॥ ⏑ ⏑ ⏑ ⏑ ⏑ – – – ⏑ – – ⏑ –
– ⏑ – ⏑]

[13] विहितकन्याकुब्जभूपालभङ्गम् । समरगुरुमुपास्त प्रौढभीतस्तल्प-
भार्यं स इह कलचुरिचंद्रः शिष्यवज्जोजदेवः ॥ [२२] अभवदम्बुधिवस्त्रकु-
ञ्जयो विजयपाल इ|ति ⏑ ⏑ – ⏑ – | ⏑ ⏑ ⏑ – ⏑ ⏑ – ⏑ ⏑ – ⏑ ⏑ ⏑ ⏑
– ⏑ ⏑ ⏑ ⏑ ⏑ ⏑ – ॥ २३ ॥ ⏑ ⏑ ⏑ ⏑ ⏑ ⏑ – – – ⏑ ⏑ ⏑ – ⏑ ⏑ ⏑ ⏑]

[14] वहमये भीममुत्प्रेक्षमाणः । अवहत जितविश्वः सोपि हृत्पु-
ण्डरीके मुकुलितरणगर्व्वग्रन्थि गाङ्गेयदेवः ॥ [२४] तस्माद्बभूव भरतस्य
गुणैः समग्रैः श्रीकीर्त्तिव[र्म्म ⏑ ⏑ – ⏑ ⏑ – – – | – – ⏑ – ⏑ ⏑ ⏑
⏑ – ⏑ – ⏑ ⏑ ⏑ ⏑ ⏑ – ⏑ ⏑ – ⏑ ⏑ ॥ २५ ॥ ⏑ ⏑ ⏑ ⏑ ⏑ –]

[15] यस्तानेकपमाभृतमुच्चकैर्व्वलहरिभिर्लक्ष्मीकरणं महार्णवमु-
द्धतम् । अचलमहसा दोर्द्दण्डेन प्रमथ्य यशःसुधां य इह करिभिर्लक्ष्मी
लेभे परः पुरुषो[त्त [1] ॥ २६ ॥ – ⏑ ⏑ – ⏑ – – ⏑ ⏑ – – ⏑ – ⏑
– – – ⏑ ⏑ – ⏑ – ⏑ ⏑ – ⏑ ⏑ – ⏑ – ⏑ | – – –]

[16] सितमण्डलाग्रकिरणैरायोधनेषु द्विपद्मकाणामयमन्य एव
विदधे दिव्याङ्गनासंगमः ॥ [२७] संग्रामेषु निशातखड्गलतिकासाहाय-
केनामुना ते पृथ्वीपतये[ा – – ⏑ ⏑ – – ⏑ – – ⏑ – ⏑ – | – – – ⏑ ⏑
– ⏑ – ⏑ ⏑ – – – ⏑ – – – – ⏑ ⏑ – ⏑ – ⏑ ⏑ – – – ⏑]

[17] गाङ्गार्ज्जयोः[2] ॥ [२८] आसीत्तदीयतनयोद्भुत[– ⏑ – – – –
⏑ ⏑ ⏑ ⏑ ⏑ ⏑ ⏑ ⏑ – ⏑ | – – ⏑ ⏑ – ⏑ ⏑ – ⏑ ⏑ ⏑ – – – ⏑ –
⏑ ⏑ ⏑ – ⏑ ⏑ – ⏑ – – ॥ २९]

Inhaltsübersicht.

Strophe 5—7. *Soma-vaṃśa.*

8. Zu diesem gehörte Nârâyaṇa.

10. „Darauf entspross jener König Namens Jejâ, nach welchem Jejâbhukti[3] (benannt) wurde, wie diese Erde (*pṛithivî*) nach *Pṛithu.* Dessen jüngerer Bruder, Bîja mit Namen" . . . . .

1) i. e. पुरुषोत्तमः. 2) Lies प्रयागार्कयोः?

3) *Jejâkabhukti* (so ist zu lesen) in einer Inschrift des Pṛithvirâja von saṃvat 1239; Arch. S. X, Tafel XXXII, No. 10. Die spätere Prâkṛitform des Wortes ist *Jejâhuti* oder Jajhoti; Arch. S. II, 412 ff. X, 23. 99. Aus unserer Stelle geht hervor, dass dieser Name des von den Chandellas von Mahoba beherrschten Landes Bandelkhand ursprünglich „das Reich des *Jejâ* oder *Jejâka*" bedeutete. Ein ähnlich gebildeter Name ist *Tirabhukti* = Tirhut.

17. „Es erschien *Śrî*-Dhaṅga, der Vernichter seiner Feinde, das Glück der Erde, welcher durch die Kraft seiner Arme selbst dem gewaltigen *Hambîra*, der die Erde überlastete, gleichkam".

19. Von diesem stammte *Śrî*-Maṇḍa[1].

21. Von diesem stammte Vidyâdhara.

22. „(Diesem) Meister des Kampfes, der den König von *Kanyâkubja* vernichtet hatte, diente, während er auf dem Lager ruhte, voll Furcht wie ein Schüler *Bhojadeva*, jener Mond des *Kalachuri*-(Geschlechtes)."[2]

23. Vijayapâla.

24. „Als der Welteroberer *Gâṅgeyadeva*[3] (diesen) Schrecklichen vor sich erblickte, da schloss sein Herzlotus den Knoten (die Blüthe?) des Kampfstolzes".

25. Von diesem stammte *Śrî*-Kîrtivarman.

26. „Dieser quirlte mit seinem berggleichen Armstabe den Ocean *Lakshmîkarṇa*[4], welcher viele Fürstenberge verschlungen und sich mit seinen Heereswogen hoch erhoben hatte; und gewann von ihm durch seine Elephanten Ruhm (und) Glück, wie Purushottama (Vishṇu) den Nektar (und) die Lakshmî".

29. Dessen Sohn war?

B.

Der Stein, welcher die folgende Inschrift trägt, ist von oben nach unten in zwei Stücke gebrochen und an der rechten oberen Ecke verstümmelt. Viele Buchstaben sind so stark beschädigt und die übergeschriebenen Vocale etc. so schwach sichtbar, dass es unmöglich war, in dem transcribirten Text alle undeutlichen Buchstaben und ergänzten Vocale durch Einklammern zu bezeichnen. Zu den orthographischen Eigenthümlichkeiten der Inschrift gehört, dass der *anusvâra* vor Zischlauten und ब durch व vertreten wird. य und ष werden oft verwechselt. In dem Worte बभूव erscheint, wie in der Inschrift A und in der früher veröffentlichten Deogarh-Inschrift des Kîrtivarman[5] von saṃvat 1154, durchgängig die alte Form des Buchstabens ब.

Die Inschrift nennt sich ein Lobgedicht (*praśasti*). Sie berichtet die Erbauung eines Tempels des *Vishṇu* und eines Tempels des *Śiva* durch einen Minister des Königs Paramardin und scheint nach Strophe 26 in dem Śiva-Tempel angebracht gewesen zu sein. Nach einer Anrufung des Vishṇu (Strophe 1, 2) giebt sie die *vaṃśâvali* des Königs (3—13):

1) *Gaṇḍa* bei Bâbû R. Mitra (J. As. Soc. Bengal, XLVII, 75), Cunningham und Smith.

2) Man könnte *sahakalachurichandraḥ* auch als *bahuvrîhi* erklären: „sammt dem *Kalachuri-Chandra*."

3) Von Chedi.

4) D. i. *Śrîkarṇa* von Chedi; vgl. Arch. S. IX, 108 J. As. Soc. Bengal, L, 13 f.

5) Ind. Ant. XI, 311.

M a d a n a v a r m a n aus dem *Soma-vaṃśa.*

Y a ś o v a r m a n.

P a r a m a r d i n.

Hierauf folgt der Stammbaum des Ministers, der die Urkunde ausstellte (14—29):

Lakshmîdhara aus dem *Vasishṭha-gotra.*

Vatsarâja.

Lâhaḍa, vermählt mit *Prabhâ.*

Śukla.

Purushottama.

Lâhaḍa war oberster Minister des Königs *Madana* (d. i. Madanavarman). Śukla und Purushottama bekleideten nach einander dieselbe Würde unter *Paramardin.* Die zwei Tempel, deren Erbauung die Inschrift feiert, wurden von Śukla erbaut, derjenige des Śiva aber erst von seinem Sohne Purushottama vollendet.

Die nächstfolgenden Strophen (30—32) enthalten die Namen des Dichters, des Schreibers und des Steinmetzen. Von den beiden ersten derselben, Devadhara und Dharmadhara, wird folgender Stammbaum gegeben.

Lakshmîdhara aus dem *Gâḍa*[1]-Geschlecht.

Gadâdhara, Minister für Frieden und Krieg des *Paramardin.*

Devadhara. *Dharmadhara.*

Die vorletzte Strophe (33) erwähnt sowohl Siva als Vishṇu. Die Schlussstrophe (34) enthält das Datum, dessen Lesung leider nicht vollständig sicher ist, *Vikrama-saṃvat* 11[8]2, Sonntag der fünfte der lichten Hälfte des Monats Âśvina.

Da die Genealogie und Chronologie der Chandellas noch sehr unsicher ist, vermeide ich, irgend welche Schlüsse aus dem Stammbaum und dem Datum zu ziehen. Dass die in der Inschrift genannten Fürsten der Chandella-Dynastie angehörten, dürfte jedoch aus ihren Namen mit Sicherheit hervorgehen.

[1] ओं ओँ नमो भगवते वासुदेवाय ॥ जयन्ति माधवः सौरेश्चतुर्वर्गफलद्रुमाः । निर्भरश्रीपरीरम्भपर्याप्तपुलका[⏑ ‥ ॥ १ ॥ ⏑ ‥ ⏑ ‥
– ⏑ ⏑ ⏑ – – ⏑ ⏑ ‥ – ⏑ ⏑ – ⏑]

1) Möglicherweise ist *Gauḍa* zu lesen.

[2] ठि । इति च्छलात्स्पृष्टपयोधिपुत्रीपयोधरः पातु रथाङ्गपा-
णिः ॥ [२] अत्रेरजायत विलोचनपुण्डरीकाद्देवो गिरीन्द्र[तन]याद-
यितावतंसः । यस्यामृततोय[मु ‥‥‥‥‥]

[3] मुक्ताफलैरिव यशोभिरशोभि शुभ्रैः ॥ [३] अस्मिन्नुद्दामदोर्द-
ण्डखण्डितारातिमण्डलाः । अज्ञिरे चाद्यचारिवा [× × ×]यमही-
भुजः ॥ [४] तेष्वाविरास विलसत्करवालदण्डद-

[4] ण्डोलिनिर्द्दलितशात्रवगात्रपत्रः । उद्दामदर्प्परिपुराजबलाभि-
घातस्थातोद्यमो मदनवर्म्ममहीमहेन्द्र[ः] ॥ [५] सौधे सोच्छ्वसितं स्थितं
सकरुणं लीलाशुको व्याहृतो दृष्टो

[5] बाष्पजलौघरुद्धनयनं क्रीडाकुरङ्गीशिशुः । वासावस्य यिया-
सुना वनभुवं कान्ताजनद्विषा[1] प्रत्यावृत्तिनिर[ाग्र]मानसतया किञ्चिन्न
वा चेष्टितं ॥ [६] सिन्दूरिताहितमतङ्ग-

[6] कुम्भपृष्ठे येनाहितोसिमलिनः करवालदण्डः । युद्धेरिभिर्नि-
अविनाशविसर्पिश[स्त्र]मालोकि केतुरिव [नू]तनसूर्यसङ्गी ॥ [७] अजा-
यत यशोवर्म्मा ततश्चन्द्र इवाम्बुधेः ।

[7] योभवज्जयदानन्दी महेश्वरशिरोमणिः ॥ [८] कुन्देन्दुकान्त्या
त्रिजगद्विसारियदीयकीर्त्त्या धवलीकृतेषु । केशेषु जा[ता च]त नि-
र्ज्जराणामभूतपूर्व्वा पलितस्य शङ्का ॥ [९] आसीत्ततो न-

[8] म्रनरेन्द्रमौलिरत्नप्रभापाटलपादपीठः । अखर्व्वगर्व्वप्रतिपक्षसा-
र्थदोर्द्दर्प्पमर्द्दी परमर्द्दिदेवः ॥ [१०] परस्परविरोधस्य [त]स्य राज्ये
कथैव का । सङ्गतं श्रीसरस्वत्योरपि येन प्रवर्त्तितं ॥ [११]

[9] प्रचलति ककुभाञ्जयाय यस्मिन्हरिखुरधूतधरापरागपुञ्जः ।
कवलितरविरश्मितीव्रतापादिव पिबति स्म प[यो]पि तोयराशेः ॥ [१२]
यत्प्रतापदहने निरंकुशन्सञ्चरत्यपि

[10] सपत्नसद्मसु । उद्बभूवुरधिकम्हरिन्मणिश्यामकोमलतृणानि स-

1) Lies कान्ताजनेन द्विषा.

द्व्रतः ॥ [१३] अथास्ति लोकत्रितयप्रतीतं वसिष्ठगो[त्रं] सुकृतैकपात्रं ।
यस्मिन्नजायन्त विशुद्धवृत्ता विप्राः पयो-

[11] धाविव मौक्तिकौघाः ॥ [१४] तेषु क्रमादखिलशास्त्रगिरो-
विहारिहंसोवतंसितगिरिवापतिपादपद्मः । लक्ष्मीधरः स्फुरित[- -]दसी-
तरस्मिन्ब्रह्मचारिगुणमौक्तिकसिंधुरासीत् ॥ [१५]

[12] यदध्वरोल्लासिकृतांतासधूमलेखाः स्फुटानेकविभक्तिभाजः । दि-
गङ्गनापीनपयोधरेषु विलासवेणिश्रियमाश्र[यन्त ॥ १६ ॥ स]लभत अमि-
मस्मात्सचरित्रैकपात्रं विनयसदनमे-

[13] कं वत्सराजो द्विजेन्द्रः । जलधिरिव ससेतुः शीलवन्नैयसारो
मुररिपुरिव लक्ष्मीसंश्रयो यो बभूव ॥ [१७] निर्म्मलगुणगणव[त्त्वाग्नि]-
चोदयमोदिगोम्बुजस्येव । शुक्लद्विजपरिभोग्या

[14] बभूव यस्यामला लक्ष्मीः ॥ [१८] आसीदशेषश्रुतिसिंधुहंस-
स्तस्यात्मजो लाहडनामधेयः । पुपोष यो निर्म्मलवाग्विलासं [रम -]यः
सज्जनमानसेषु ॥ [१९] मंचिणां धुरि कलोज्वल-

[15] कायं यश्चकार मदनचितिपालः । विष्टपत्रितयमेष जिगीषुः
पंचबाण इव सीतमयूखं ॥ [२०] कुटुम्बकुमुदप्रौढप्रमोदने प्र[च]ीयसी ।
तस्यासीद्विजराजस्य प्रभा हृदयव-

[16] ल्लभा ॥ [२१] ततो बभूव द्विजराजशुक्लः समस्तशास्त्रचरि-
त्रपात्रम् । अभूत्त्रिमंत्रः परमर्हिदेवः चोणीश्वरो येन विनिर्म्मलेन ॥ [२२]
राज्या[-]रमशेषमेव भुजयोर्व्विन्यस्य यस्य स्वयं वीर-

[17] श्रीपरमर्हिभूपरिवृढः प्रौढप्रमोदोदयः । बस्यद्बालकुरंग-
शावकदृशामुद्दामकामस्पृशां पत्रन्यासकलाविलासरसिक[-]क्तोभवत्संत-
तम् ॥ [२३] लक्ष्मीकेलिनिकेतन-

[18] स्य भजतो मित्रोदयस्मेरतां दूराधःकृतकंटकस्य गुणिनो
लोकैकतापच्छिदः । अम्भोजस्य च तस्य च त्रिभुवने साधर्म्यमत्युज्वलं
[वि]धर्म्यन्तु पराङ्मुखः स न कदाप्यासीद्विजाधीश-

[19] रे ॥ [२४ ॥ प्रा]सादो वैष्णवकेन निर्म्मितोन्तर्ब्रह्मस्फुरिम् ।
मूर्ध्ना स्पृशति यो नित्यं पदमस्यैव मध्यमम् ॥ [२५] प्राकारयस्य स्फटि-
कावदातमसाविदर्म्मा[न्द]रमिन्दुमौलेः । न जातु यस्मिन्निवसन्स दे-
[20] वः कैलासवासाय चकार चेतः ॥ [२६] पीताम्बरं यस्य
यशो बभूव सुदर्शनं यस्य वपुर्विभाति । गुणोत्करो यस्य च नंदकोभू-
दासीत्स [त]स्मात्पुरुषोत्तमाख्यः ॥ [२७] त्रिभुवनमहनीयवृ-
[21] त्तवृत्तं शिशुमपि यं परमर्द्दिपार्थिवेन्द्रः । अनयत सचिवेषु
मुख्यभावं जगति गुणा हि पुमान्समर्थयन्ति ॥ [२८] अनेनाचारसुचिना
ब्रह्मलोकां[‿ –]ारिणा । कीर्त्तनं जनकस्येदमसिद्धं सिद्धिमापि-
[22] तम् ॥ [२९] ॥ गाडान्वयैकतिलकस्य गदाधराख्यो लक्ष्मी-
धरस्य तनयः कविचक्रवर्त्ती । विद्यावतान्स परमः परमर्द्दिदेवसंधा-
नविग्र[ह]महासचिवो बभूव ॥ [३०] तस्यात्मजो देवधरः कवी-
[23] न्द्रः प्रशस्तिमेतामतुलाञ्चकार । यस्यानुजो धर्म्मधरश्च धीरः
कुतूहलाद्बालकविर्लिलेख ॥ [३१] ॥ उच्चकार चमत्कारकारकः सर्व्वशि-
ल्पिनाम् । [× ×]धरो महाराजः सोमराजाङ्गभूरिमाम् ॥ [३२] यं-
[24] भुश्च विष्णुश्च बिभर्त्ति यावज्जटाकलापं च भुजान्तरं च ।
पायोधिजं धाम च कौस्तुभस्य स्थिरास्तु कीर्त्तिश्च कृतिश्च तावत् ॥ [३३]
पञ्च[त्र्यष्ट]मुखादित्यसंख्ये विक्रमव[त्स]रे । आश्विनशुक्लपञ्चम्यां वासरे
वासरेशितुः ॥ [३४] श्रीरस्तु [॥]

Zwei Steininschriften des Benares College.

Inschrift A.

Diese Inschrift ist an der rechten Seite und an der linken oberen Ecke verstümmelt. Auch der erhaltene Theil ist durch Löcher und Risse entstellt und daher zum Theil schwer leserlich. Die Schrift erinnert in ihrer verschnörkelten Form an die der oben veröffentlichten Inschrift des Chaṇḍamahâsena.

Die Inschrift besteht aus drei Strophen in dem Metrum *Sragdharâ* und zweien in *Sârdûla.* Strophe 1 preist die Heiligkeit von Benares (*Vârâṇasî*). Strophe 2 scheint einen verkehrsreichen Bezirk der Stadt zu schildern. Dort wurde ein gewisser

Pantha geboren (3). Dieser errichtete eine Bildsäule der *Chaṇḍî* (4) und erbaute einen Tempel der *Bhavânî* (5), in welchem sich die Inschrift ursprünglich befunden haben muss.

[1] · · · [ख्या]ता वाराणसीयं त्रिभुवनभवनाभोगगौरीति दू-
रात्सेवन्ते यां विरक्ता जननमरणयोर्मोक्ष[सि]द्धिचित्ताः । [सो – – –
⏑ – – ⏑ ⏑]

[2] [⏑ त] सगणो यत्र देवो विमुक्तः यां दृष्ट्वा ब्रह्महापि च्युत-
कलिकलुषो जायते शुद्धभावः ॥ [१] यस्यामुत्तुङ्गशृङ्गस्फुटमणिकिरण-
[– ⏑ – – ⏑ – – – – – – –]

[3] प्रतोलीविविधजनपदस्त्रीविलासाभिरामं । विद्यावेदार्थतत्त्व-
व्रतजपनियमध्यानयज्ञाभिजुष्टं श्रीमत्स्थानं पृथिव्या [⏑ ⏑ ⏑ ⏑ ⏑ ⏑ – –
⏑ – – ⏑ – – ॥ २]

[4] तत्राभूत्पन्थनामा शिशुरपि विनयव्यापटो[1] भद्रमूर्त्तिः त्या-
गी धीरः कृतज्ञः परिलघुविभवोप्यार्यवृत्त्याभि[तु[2] – | – – – – – ⏑ – –]

[5] हिमगिरिशिखरारोहखेदादृतेभ्यः भक्तो भक्त्या शिवोमे परि-
षदपि गुणैस्तोषिता येन नित्यं ॥ [३] तेनानेकविधानदीक्ष[⏑ – – –
⏑ – – ⏑ –]

[6] चण्डी चण्डनरोत्तमाङ्गरचितव्यालम्बिमालोत्कटा । सर्प्पत्स-
र्प्पविवेष्टिताङ्गपरशुव्याविलग्नशुष्कामिषा लीलागृत्तवचिर्च्चिलो[3][⏑ ⏑ ⏑ –
– – ⏑ – – – ⏑ – ॥ ४]

[7] [संख्या]प्यापि न तस्य तुष्टिरभवद्यावन्नवानीगृहं सुश्लिष्टाम-
लसन्धिबन्धघटितं घण्टानिनादोज्ज्वलं । रम्यं दृष्टिहरं शिला[⏑ ⏑ ⏑ –
– – ⏑ – – ⏑ –]

[8] [प्रोच्च]ध्वजचामरं सुकृतिना श्रेयोर्थिना कारितं ॥ [५]

Inschrift B.

Dieses kleine Fragment ist der Ueberrest einer umfangreichen *praśasti*. Erhalten sind nur Stücke der Strophen 42—45, der Name des Steinmetzen, das Datum *saṃvat* 11 — entweder die

---

1) Lies व्यापृतो. 2) Lies तुष्टः. 3) Vielleicht लोलनयना.

beiden ersten Ziffern eines Datums aus dem zwölften Jahrhundert oder das elfte Regierungsjahr eines Fürsten und ein Stück eines Schlussverses.

[1] · · · · · · [या] यथा ॥ ४२ ॥ भक्तिम्कीर्त्तिपताकेव · · · · ·

[2] · · · · · · न्दु¹र्यावन्नभचक्रम्भुवसहितमिदं यावदे · · · · ·

[3] · · · · · · कीर्त्तिः ॥ ४४ ॥ शिवकुलोद्योतदीप[व] · · · · ·

[4] · · · · · · ेत्कीर्णा² मानूकेनेति ॥ सम्वत् ११ · · · · ·

[5] · · · · · · ष्यो³ वरुणाभिधानः सा[न्वा⁴] · · · · ·

Eine Steininschrift des Museums zu Delhi.

[1] ओं स्वस्ति ॥ सर्व्वाभीष्टफलं यस्य पदाराधनतत्पराः । लभंते मनुजास्तस्मै गणाधिपतये नमः । १

[2] सत्वलो (?) नाम वः पातु सांबव⁵स्त्वांबया सह । प्रसादाद्यस्य देवस्य भक्ताः स्युः सौख्यभाजनं ॥ २ देशोस्ति

[3] हरियानाख्यः पृथिव्यां स्वर्ग्गसंनिभः । ढिल्लिकाख्या पुरी तत्र तोमरैरस्ति निर्मिता ॥ ३ तोमरानं-

[4] तरं यस्यां राज्यं निहतकंटकं । चाहमाना नृपाश्चक्रुः प्रजा-पालनतत्पराः ॥ ४ म्लेच्छ प्रतापदह-

[5] नदग्धारिकुलकाननः । म्लेच्छः सहावदीनस्तां बलेन जगृहे पुरीं ॥ ५ ततः प्रभृति भुक्ता सा तु-

[6] रुष्कैर्यावदद्य पूः । श्रीमहंमदसाहिस्तां पाति संप्रति भूपतिः ॥ ६ अपि च ॥ तस्यां पुर्य्यस्ति वणि-

[7] गामयोतकनिवासिनां । वंशः श्रीसाधदेवाख्यः साधुस्तत्रोद-पद्यत ॥ ७ लक्ष्मीधरस्तत्तनयो

[8] बभूव लक्ष्मीधरांघ्रिद्वयपद्मभृंगः । देवद्विजाराधननिष्ठचित्तः समस्तभूतावनलब्धकीर्त्तिः ॥ ८

1) Vielleicht यावदिन्दु°. 2) Lies उत्कीर्णा. 3) Lies शिष्यो.
4) Vielleicht सान्वासिकः. 5) Das zweite व ist eine nachträgliche Correctur.

[9] लक्ष्मीधरस्य तनयौ कलिकालपाद्मावास्तामुभौ महिमवारि-
निधी सुरूपौ । माहाभिधो नि-

[10] पुणबुद्धिरभूत्तदाद्यो धीकाख्य उत्तमयशा अनुजस्तु तस्य ॥ ९
माहाख्यस्याभवत्पुत्रो मेल्हा-

[11] नामा मनोहरः । देवद्विजगुरूणां यः सदाराधनतत्परः ॥ १०
श्रीधरस्यात्मजां वीरोनाम्नीं भर्तृप-

[12] रायणां । धीका विवाहयामास तस्यामास्तामुभौ सुतौ ॥ ११
ज्यि[1]ष्ठस्तयोः खेतलनामधेयः साधुत्वपाथो-

[13] धिरनंतशीलः । पैतूकनामा च लघुः समस्तगुरुद्विजाराधन-
शीलचित्तः ॥ १२ अथैतयोः खेतल-

[14] पैतलाख्यसाध्वोः सदा कीर्तनकर्मवुख्योः । इयं शुभा सार-
वलाभिधानग्रामांतभूरध्यवस[त्स्व]चित्ते ॥ १३

[15] पितृणामक्षयस्वर्गप्राप्त्यै संतानवृद्धये । खेतलः पैतसीन[2] का-
रयामासतुः प्रहिं ॥ १४ वेदवस्व-

[16] मिचंद्राकसंख्येऽब्दे विक्रमार्कतः । पंचम्यां फाल्गुनसिते लि-
खितं भौमवासरे ॥ १५ इंद्रप्रस्थप्रति-

[17] गणे ग्रामे सारवलेव तु । चिरं तिष्ठतु कूपोयं कारकश्च
सबांधवः ॥ १६ संवत् १३८४ फाल्गुन शु-

[18] दि ५ भौमदिने ॥

Inhaltsübersicht.

Strophe 1, 2, *mañgala.*

3—6. „Es ist ein Land Namens Hariyâna, auf Erden dem Himmel gleichend; dort ist eine Stadt Namens Ḍhillikâ (Delhi), von den Tomaras gebaut. Nach den Tomaras führten in dieser die Châhamâna-(Chauhân-)Fürsten, welche ihre Unterthanen eifrig beschützten, die unumschränkte Herrschaft. Darauf nahm der *Mlechchha* Sahâbadina (Shibâbu-ddin), dessen Tapferkeit die Geschlechter seiner Feinde verbrannte, wie das Feuer die Wälder,

1) Lies ज्ये. 2) Lies पैतलश्च.

mit Gewalt diese Stadt. Von da an wurde diese Stadt bis heute von den Turashkas besessen; jetzt schützt sie der Fürst *Śrî-*Mahammadaśâhi (Muḥammad Shâh)".

Die Strophen 7—12 geben den Stammbaum zweier Kaufleute von Delhi. „In dieser Stadt ist ein Geschlecht von Kaufleuten, die Agrotakanivâsins"[1]. Aus diesem stammte:

Śâchadeva.
|
Lakshmîdhara.

Mâhâ. — *Ghîkâ*, vermählt mit *Viro*, der Tochter des *Śrîdhara.*

Melhâ. — *Khetala* oder *Shetala.* — *Paitala* oder *Paitûka.*

13—16. Khetala und Paitala liessen in dem *pratigaṇa* (parganâ) von Indraprastha (Delhi) in dem Dorfe Sârabala einen Brunnen (*prahi* oder *kûpa*) anlegen, um ihren Ahnen die Seligkeit zu erwerben und ihre Nachkommenschaft gedeihen zu machen.

Das Datum ist *Vikrama-saṃvat* 1384 *phâlguna śudi* 5, Dienstag, in Worten und Ziffern.

Bharhut-Inschriften.

Einen Theil der Zeit, welche ich zu Calcutta in Dr. Hoernles gastlichem Hause zubrachte, benutzte ich zur Anfertigung genauer Facsimiles derjenigen Inschriften des Stûpa von Bharhut, welche sich jetzt im *Indian Museum* befinden. Der verdienstvolle Director des Museums, Dr. *Anderson*, hat mich durch die Erlaubniss zum Abklatschen der Inschriften zu aufrichtigem Danke verpflichtet. Ein Theil der Inschriften ist bereits von Dr. Hoernle im *Indian Antiquary* (vol. X, p. 118. 255. XI, 25) ausführlich behandelt worden. Die folgenden Lesungen und Uebersetzungen machen keinen Anspruch darauf, die Erklärung dieser merkwürdigen Denkmäler abzuschliessen, sondern sollen nur eine auf genauen mechanischen Copieen beruhende Uebersicht des Stoffes geben.

Bei dem hohen Alter des Stûpa von Bharhut, der nach der Inschrift No. 1 unter der Herrschaft der *Suṅgas* (2./1. Jahrh. vor Chr.) bereits existirt zu haben scheint, verdient es besonders hervorgehoben zu werden, dass in den Weiheinschriften ein Kenner der *piṭakas* (*peṭakin*, No. 134), des *suttanta* (*sutaṃtika*, No. 95) und der fünf *nikâyas* (*pachanekâyika*, No. 144) erwähnt werden. Ein bisher nicht identificirtes Relief (*bhisaharaniya jataka*, No. 17) habe ich mit Hilfe des Vinayapiṭaka zu erklären vermocht, ein

---

1) Vgl. अगरवाला „a race of merchants of the Vais tribe (from Agrohâ, a place west of Delhi)"; Bate's Hindee Dictionary. *Agrotaka* ist offenbar der alte Name von Agruhâ.

anderes (*udajataka*, No. 14) mit Hilfe des dritten Bandes der Ausgabe des Jâtaka von Fausböll. Derselbe Band enthält drei bereits identificirte, aber bisher ungedruckte jâtakas: No. 352, *Sujâtajâtaka* (Bharhut No. 6), No. 357, *Laṭukikajâtaka* (Bharhut No. 109) und No. 383, *Kukkuṭajâtaka* (Bharhut No. 7). Ein Relief (Bharhut Stûpa, Tafel 45, No. 5), dessen Ueberschrift fehlt, enthält eine deutliche Darstellung des *Ârâmadûsakajâtaka* (No. 46 und 268 der Ausgabe von Fausböll), ein zweites (Tafel 34, No. 3) eine solche des *Vaḍḍhakisûkarajâtaka* (No. 283) und ein drittes (Tafel 33, No. 4) eine des *Mahâkapijâtaka* (No. 407). Die meisten der noch nicht identificirten bildlichen Darstellungen werden sich erklären lassen, wenn das Jâtaka in seinem ganzen Umfange gedruckt und durchforscht sein wird. Die im Folgenden gegebenen, zum Theil auf reinen Vermuthungen beruhenden Uebersetzungen der zu noch nicht identificirten Reliefs gehörigen Inschriften werden dann leicht berichtigt und ergänzt werden können.

Beiläufig bemerke ich, dass die zu zwei fragmentarischen Recensionen des *Mittavindajâtaka* gehörige Strophe mit der Hauptstrophe einer Erzählung des *Pañchatantra* verwandt ist. Die letzte Zeile der 103. Strophe des Ekanipâta und der 98. Strophe des Pañchanipâta lautet:

ichchhâhatassa posassa chakkaṃ bhamati matthake.

Damit ist zu vergleichen die zweite Hälfte der 22. Strophe des fünften Buches des Pañchatantra:

atilobhâbhibhûtasya chakraṃ bhramati mastake.

Das *Mahâmittavindakajâtaka* findet sich nach der Angabe des jâtaka No. 82 im Dasanipâta, welcher noch nicht publicirt ist. Das zu der oben citirten Strophe gehörige jâtaka scheint jedoch mit dem *Losakajâtaka* (No. 41) verwandt zu sein und von der zur obigen Strophe des Pañchatantra gehörigen Erzählung beträchtlich abzuweichen.

Gänzlich unzuverlässige *eye-copies* der hier veröffentlichten 154 Inschriften (mit Ausnahme der 4 letzten) finden sich in General Cunningham's *Stûpa of Bharhut*, Tafel 53—56. Die hinter der laufenden Nummer eingeklammerten Zahlen verweisen auf Tafel und Nummer dieser Publication. 38 der Inschriften, von denen sich im „Bharhut Stûpa" *eye-copies* finden, sind nicht nach Calcutta transportirt worden. Da es vergebene Mühe wäre, diese Inschriften nach General Cunningham's willkürlichen Facsimiles zu transcribiren, so beschränke ich mich darauf, aus ihnen einige wichtige Eigennamen herauszuheben, von denen die meisten auch in den hier veröffentlichten Inschriften erwähnt werden. Von Städtenamen finden sich *Nâsika* (55, 87), *Moragiri* (55, 95), *Karahakaṭa* (55, 96) und *Vedisa* (55, 100. 56, 1). Dazu kommen *Selapuraka*, ein Bewohner von *Śailapura* (55, 91), *Bhojakaṭaka*, ein Bewohner von *Bhojakaṭa* (56, 46) und *Kosabeyekâ*, eine Bewohnerin von *Kauśâmbî* (54, 53). Zwei gleichlautende Inschriften

(54, 70. 79) scheinen zu lesen: *Naḍoda-pâde Chenachhako*, „am Fusse des (Berges) *Naḍoda* — ?“ Ein Pfeiler in Pathora (55, 98) trägt eine Statue der Göttin *Mahâkokâ* (*Mahakoka devata*). Auf einem Fragment (56, 3) erscheint der Name des Engels *Arhadgupta* (*Arahaguta devaputa*). Ein Querbalken (56, 67) ist „die Gabe der *Nâgarakhitâ* (*Nâgarakshitâ*), der Gemahlin des Königs — ?“; ein anderer (56, 54) enthält den Namen „des Prinzen *Vâdhapâla* (*Vyâdhapâla*), eines Sohnes des Königs *Dhanabhûti* (s. No. 1)“.

In den Anmerkungen bezieht sich *ASWI.* auf Professor Bühlers Lesungen der Höhlen-Inschriften im IV. und V. Bande der Archaeological Survey of Western India, *Am. In.* auf die von mir herausgegebenen Amarâvatî-Inschriften, ZDMG. XXXVII, 548.

No. 1 (53, 1)[1].

[1] *Suganaṃ raje raño Gâgî-putasa Visadevasa*

[2] *pauteṇa Goti-putasa Âgarajusa puteṇa*

[3] *Vâchhi-putena Dhanabhûtina kâritaṃ toranâṃ*[2]

[4] *silâkaṃmaṃto cha upaṃna*[3].

Während der Herrschaft der Śuṅgas wurde von *Vâtsîputra* Dhanabhûti, dem Sohne des *Gauptîputra*[4] Aṅgâradyut[5] (und) Enkel des Königs *Gârgîputra* Viśvadeva, (dieses) Thor erbaut, und die Steinarbeit[6] entstand.

No. 2 (53, 1 b).

Aya-Nâgadevasa dânaṃ.

Die Gabe des ehrwürdigen Nâgadeva.

No. 3 (53, 2 b; Hoernle 5).

Maghâdeviya jataka.

Das *jâtaka* von Makhâdeva.

No. 4 (53, 3 b; Hoernle 6).

Dighatapasi sise anusâsati.

Dîrghatapasvin belehrt (seine) Schüler.

---

1) Ein Facsimile dieser Inschrift habe ich im Indian Antiquary, XIV, 139, veröffentlicht.

2) Lies *toraṇaṃ* ( für ).

3) Lies *upaṃno* ( für ).

4) Die Namen oder Titel *Gâgî* und *Vâchhi* sind von brahmanischen *gotras* abgeleitet, wie die der Mütter der Andhra-Könige, *Gotami*, *Vâsiṭhi* und *Mâḍhari*. Dagegen ist das Patronymicum *Goti* nicht-brahmanisch, wie *Vedehi*, der Name der Mutter des Ajâtasattu im Mahâparinibbânasutta, sowie *Kausalyâ* und *Kaikeyî* im Râmâyaṇa.

5) *Aṅgâra[ka] iva dyotata ity Aṅgâradyut*, „wie Mars glänzend“. Diese Erklärung verdanke ich Herrn Professor Bühler.

6) Ueber *kammanto* „Arbeit“ siehe Childers, s. v.

No. 5 (53, 4 b; Hoernle 7).

Abode châtiyaṃ[1].
Das *chaitya* auf dem (Berge) Arbuda.

No. 6 (53, 5).

Sujato-gahuto-jataka.
Das *jâtaka* von „Sujâta —[2]“.

No. 7 (53, 6).

Biḍala-jatara[3] *kukuṭa-jataka.*
Das *jâtaka* von der Katze (oder) das *jâtaka* vom Hahn.

No. 8 (53, 7).

Daḍanikamo chakama.
Die Wandelbahn Daṇḍanishkrama(?).

No. 9 (53, 8).

Asaḍâ vadhu susâne sigâla-ñati.
Die Frau Ashâḍhâ, welche auf dem Kirchhof die Schackale bemerkt hat[4].

No. 10 (53, 9).

Isi-migo-jataka.
Das *jâtaka* von der *ṛishi*-Antilope.

No. 11 (53, 10; Hoernle 1).

Miga-samadaka[*ṃ*] *chetaya*[5].
Das die Antilopen erfreuende *chaitya.*

No. 12 (53, 12).

Kinara-jâtakaṃ.
Das *jâtaka* vom *kiṃnara.*

No. 13 (53, 13).

Jaṭila-sabhâ.
Die Versammlung der Asketen[6].

No. 14 (53, 14).

Uda-jataka.
Das *jâtaka* von den (beiden) Fischottern[7].

1) Möglicherweise nur verschrieben für *chetiyaṃ.*

2) *gahuto* (*gṛihîtaḥ*) ist vielleicht durch „(von seinem Vater) erfasst“, d. h. entweder „aufgesucht“ oder „verstanden“, zu übersetzen. Siehe das *Sujâtajâtaka*, No. 352 bei Fausböll.

3) Lies *ka.*

4) *ñati* steht vielleicht für *jñâtrî*, wie in No. 38 *ketâ* für *kretâ.*

5) Man kann zweifeln, ob über dem zweiten *akshara* der Vocal *i* nur vergessen ist oder ob das *a* ein Ausdruck der undeutlichen Aussprache des Vocales sein soll. Ebenso findet sich *a* für *u* in *Sabhadâ* (No. 52) und *Ajâtasata* (No. 77).

6) Ueber *jaṭila* siehe Vinaya Texts, translated by Rhys Davids and Oldenberg, II, 129, note 2.

7) Identisch mit dem *Dabbhapupphajâtaka*, No. 400 der Ausgabe von Fausböll.

No. 15 (53, 15; Hoernle 4).

Sechha-jataka.

Das *jâtaka* vom *śaiksha*[1].

No. 16 (53, 16).

[1] *Karahakaṭa-nigamasa*

[2] *dâna.*

Die Gabe der Stadt Karahakaṭa[2].

No. 17 (53, 17).

Bhisa-haraniya jataka[ṃ].

Das *jâtaka* vom Bringen der Lotusfasern[3].

No. 18 (53, 18; Hoernle 8).

Veḍuko katha dohati Naḍode pavate.

Veḍuka[4] milkt[5] *katha*[6] auf dem Berge Naḍoda.

No. 19 (53, 19; Hoernle 9).

Jabû Naḍode pavate.

Der *jambû* (-Baum) auf dem Berge Naḍoda.

No. 20 (53, 20; Hoernle 2).

U . . . . . Janako râja Sivala devi.

. . . . . Der König Janaka. Die Königin Śivalâ[7].

---

1) Siehe Childers, s. v. *sekho*. Die auf dem Relief dargestellte Scene hat Rhys Davids (Buddhist Birth Stories, I, p. CII) mit dem *Dûbhiyamakkaṭa-jâtaka* (No. 174 der Ausgabe von Fausböll) identificirt.

2) Derselbe Ortsname kommt in No. 67, 70 und auf Seite 59 vor, *Karahâkaḍaka*, „ein Bewohner von *Karahâkaṭa*", in einer Kuḍâ-Inschrift (ASWI. IV, 87, 18). Hiermit identisch ist wahrscheinlich *Karahâṭaka* in einer Râshṭrakûṭa-Inschrift von Śaka 675 (Ind. Ant. XI, 110) und das moderne *Karâḍh* im District von Sâtârâ.

3) Im Mahâvagga (VI, 20, 1—3) wird erzählt, dass ein Elephant dem *Mahâmoggallâna* ein Bündel von essbaren Lotusfasern aus dem See Mandâkini holte und Mahâmoggallâna dieses dem fieberkranken *Sâriputta* in Jetavana übergab. Auf dem Relief erblickt man links einen vor einer Hütte sitzenden Mann, in der Mitte einen stehenden Mann, welcher dem ersten ein Bündel von Lotusfasern *(bhisa)* übergiebt, und rechts einen Elephanten. Hieraus ergiebt sich, dass in der Zeit zwischen der Abfassung des Mahâvagga und der Erbauung des Stûpa von Bharhut im Anschluss an die im Mahâvagga erzählte Legende ein Jâtaka abgefasst worden sein muss. In diesem Jâtaka müssen auch diejenigen zwei Figuren des Reliefs, die im Mahâvagga nicht erwähnt werden, eine Frau und ein Affe, eine Rolle gespielt haben. Wie das Bhisaharaniyajâtaka, so hat sich auch eines der publicirten Jâtakas, das *Sukhavihârijâtaka*, an eine im Vinayapiṭaka erzählte Begebenheit angeschlossen; siehe Vinaya Texts, III, 231.

4) Diese Persönlichkeit war nach No. 63 ein Gärtner. *Veḷuka* „Röhrchen" kommt im Jâtaka No. 43 als Name einer Schlange vor.

5) Siehe die Abbildung.

6) *katha* steht vielleicht graphisch oder dialektisch für *kaṭha (kâshṭha)* „Holz". Professor Bühler vermuthet darin *kvâtha* „Decoct".

7) Ueber *Sivalâ* und ähnliche Bildungen siehe Am. In. No. 1, Anm. 4.

No. 21 (53, 21; Hoernle 3).

Chitupâdu sila.

Der Fels Chitrotpâtâ[1].

No. 22 (53, 1 c).

Vedisâ Châpadevâyâ Revatimita-bhâriyâya paṭhama-thabho dânaṃ.

Der erste Pfeiler (ist) die Gabe der Châpadevâ, der Gemahlin des Revatîmitra, aus Vaidiśa.

No. 23 (53, 2 c).

Bhadaṃtasa[2] *aya-Bhuta*[3]*rakhitasa Khujatidukiyasa dânaṃ.*

Die Gabe des ehrwürdigen Herrn Bhûtarakshita aus Kubjatinduka(?).

No. 24 (53, 3 c).

Bhagavato Vesabhuno bodhi sâlo.

Der *śâla*, der *bodhi* (-Baum) des erhabenen Viśvabhû.

No. 25 (53, 4 c).

Aya-Gorakhitasa thabho dânaṃ.

Ein Pfeiler, die Gabe des ehrwürdigen Gorakshita.

No. 26 (53, 5 b. 6 b).

Aya-Paṃthakasa thaṃbho dânaṃ Chulakokâ devatâ.

Ein Pfeiler, die Göttin Kshudrakokâ[4] (darstellend), die Gabe des ehrwürdigen Panthaka.

No. 27 (53, 7 b).

[1] *Dabhinikâya Mahamukhisa dhitu Badhika-*
[2] *ya bhichhuniya dânaṃ.*

Die Gabe der *bhikshuṇî* Badhikâ[5], der Tochter des Mahâmukhi, einer (oder: aus) Dârbhiṇikâ(?).

No. 28 (53, 8 b).

[2] *Pâṭaliputâ Nâgasenâya Koḍi-*
[1] *yâniyâ dânaṃ.*

Die Gabe der Nâgasenâ, einer Koḍyânî[6] aus Pâṭaliputra.

---

1) *Chitrâ utpâtâ yatra sâ śilâ*, „wo sich wunderbare portenta ereignen". Auch im Pâli vertritt *uppâda* sowohl *utpâda* als *utpâta*.

2) Sieht wie *tâso* aus.

3) Sieht wie *tâ* aus.

4) Vgl. *Mahâkokâ*, Seite 60.

5) Vielleicht ist *Bodhikâ* zu lesen. Der Name *Bodhi* kommt dreimal in den Kuḍâ-Inschriften vor (ASWI. IV, 85, 5. 87, 21. 22).

6) *Koḍiyâni*, das auch in No. 100 vorkommt, ist vielleicht ein Femininum zu *Koḍiya*; vgl. *arya*, *aryâṇî* und *kshatriya*, *kshatriyâṇî*. Ueber die Koḍyas, einen den Śâkyas benachbarten und verwandten Stamm, siehe Kern, Buddhismus, übers. von Jacobi, I, 174. 295. Ferner könnte Koḍiyânî dem Patronymicum *Kauṇḍinyâyanî* entsprechen; vgl. *Moggallâna* = *Maudgalyâyana*.

No. 29 (53, 9 b).

[1] *Samanâyâ bhikhuniyâ Chuḍaṭhîlikâyâ*
[2] *dânaṃ.*
Die Gabe der *bhikshuṇî* Śramaṇâ, einer Chuḍaṭhîlikâ[1].

No. 30 (53, 11 b).

Bhagavato Konâgame[2]*nasa bo*[3]*dhi.*
Der *bodhi* (-Baum) des erhabenen Koṇâgamana.

No. 31 (53, 12 b).

Bhojakaṭakâya Digyanagay[e] bhichhuniya dânaṃ.
Die Gabe der *bhikshuṇî* Diṅnâgâ aus Bhojakaṭa.

No. 32 (53, 13 b).

Nâga-jâtaka.
Das *jâtaka* vom Elephanten.

No. 33 (53, 14 b).

[1] *Bib[i]k[â]nadikaṭa Budhino gahapatino*
[2] *dânaṃ.*
Die Gabe des Hausherrn Buddhi (aus) Bimbikânandikaṭa(?).

No. 34 (53, 15 b).

Supâvaso yakho.
Der *yaksha* Suprâvṛisha(?).

No. 35 (53, 16 b).

Dhamagutasa dânaṃ thabho.
Ein Pfeiler, die Gabe des Dharmagupta.

No. 36 (53, 17 b).

[1] *Bibikanadikaṭa Suladhasa asuchârikâ*[4]*-*
[2] *sa dânaṃ.*
Die Gabe des Reiters Sulabdha (aus) Bimbikânandikaṭa.

No. 37 (53, 18 b. 19 b).

[1] *Pusasa thaṃbho dânaṃ*
[2] *miga-jâtakaṃ.*
Ein Pfeiler, das *jâtaka* von der Antilope (darstellend), die Gabe des Pushya.

No. 38 (53, 20 b).

Jetavana Anâdhapeḍiko deti koṭi-saṃthatena ketâ.
Anâthapiṇḍika giebt Jetavana, (welches) er durch Belegung mit *koṭis* gekauft hat.

1) Dass *Samanâ* hier Eigenname ist, ergiebt sich aus No. 103 und 104.

2) Lies *ma.*

3) *bo* ist zerstört und sieht wie *be* aus.

4) Lies *ka.* Das dritte *akshara* kann auch *vâ* gelesen werden. Beide Lesungen lassen sich etymologisch rechtfertigen.

No. 39 (53, 21 b).

Kosa[ṃ]ba-kuṭi.
Die *Kauśâmba*-Halle.

No. 40 (53, 22 b).

Ga[ṃ]dha-kuṭi.
Die Duft-Halle [1].

No. 41 (53, 23).

Dhamarakhitasa dânaṃ.
Die Gabe des Dharmarakshita.

No. 42 (53, 24).

Chakavâko nâgarâjâ.
Der Schlangenkönig Chakravâka.

No. 43 (53, 25).

V[i]ruḍako yakh[o].
Der *yaksha* Virûḍhaka [2].

No. 44 (53, 26).

Gaṃgito yakho.
Der *yaksha* Gaṅgita.

No. 45 (54, 27; Hoernle 17).

Aya-Isidinasa bhânakasa dânaṃ.
Die Gabe des ehrwürdigen Ṛishidatta, eines Predigers.

No. 46 (54, 28; Hoernle 11).

[1] *Bhagavato Sakamunino*
[2] *bodho.*
Der *bodha* (-Baum) des erhabenen Śâkyamuni.

No. 47 (54, 29; Hoernle 12 a).

[1] *Purathima [di]sa Sudhâ-*
[2] *vâsâ de[va]t[â].*
Nach der östlichen Himmelsrichtung die Śuddhâvâsa (genannten) Götter.

No. 48 (54, 30; Hoernle 12 b).

[1] *Utaraṃ disa [tini sa-]*
[2] *vatani sisâ[ni].*
Nach der nördlichen Himmelsrichtung [drei bedeckte] Häupter(?).

No. 49 (54, 31; Hoernle 13).

[1] *Dakhinaṃ disa chha Kâ-*
[2] *mâvachara-sahasâni.*
Nach der südlichen Himmelsrichtung sechstausend Kâmâvacharas.

---

1) Ueber *gandhakuṭî* siehe Ind. Ant. XIV, 140, und ASWI. V, 77.

2) Siehe Böhtlingk-Roth, s. v., und Childers, s. v. *virûḷho.*

No. 50 (54, 32; Hoernle 14).

[1] *Sâḍika-saṃmadaṃ*
[2] *turaṃ devânaṃ.*
Die durch Spiel und Tanz[1] erfreuende[2] (d. h. von Spiel und Tanz begleitete?) Musik[3] der Götter.

No. 51 (54, 33; Hoernle 15 a).

Misako[4]si achharâ.
Die *apsaras* Miśrakeśî.

No. 52 (54, 34; Hoernle 15 d).

Sabhad[â] achhar[â].
Die *apsaras* Subhadrâ.

No. 53 (54, 35; Hoernle 15 c).

[1] *Padumâvati*
[2] *achharâ.*
Die *apsaras* Padmâvatî.

No. 54 (54, 36; Hoernle 15 b).

[1] *Alaṃ-*
[2] *busâ achharâ.*
Die *a/saras* Alambushâ.

No. 55 (54, 37; Hoernle 18).

Ka[ṃ]ḍarîkî.
Kaṇḍarîkî.

No. 56 (54, 38; Hoernle 21).

[1] *Vijapi*
[2] *vijâdharo.*
Der *vidyâdhara* Vijayin[5].

No. 57 (54, 39; Hoernle 10 a).

Bhagavato dhamachakaṃ.
Das *dharmachakra* des Erhabenen.

No. 58 (54, 40; Hoernle 10 b).

[1] *Râjâ Pasenaji*
[2] *Kosalo.*
Der König Prasenajit von Kosala.

---

1) *śiṭaka* = *nâṭakabheda* nach Böhtlingk-Roth.

2) Mit *saṃmada* vgl. *samaduka* in No. 11.

3) Ueber *tûra* = *tûrya* siehe Hemachandra II, 63 und Pischels Note dazu.

4) Lies *ke.*

5) Die Form *Vijapi* erklärt sich vielleicht aus *Vijayin* durch Uebergang des *y* in *v* und Verhärtung des *v* zu *p*. Ueber den ersteren Lautwandel siehe Kuhn, Pâli-Grammatik, 42 f. und ASWI. IV, 99, note 1, wo *Bhadávaniya* (Seite 100, Zeile 10) nachzutragen ist. Ueber die letztere Erscheinung siehe Kuhn, 45, und vgl. *Erapata* = *Airâvata* (No. 59 und 60), *bhagapato* = *bhagavataḥ* (Am. In. No. 32) und *pârâpata* = *pârâvata* (Jâtaka No. 42).

No. 59 (54, 41; Hoernle 16 b).

Erapato [nâ]garajâ.

Der Schlangenkönig Airâvata[1].

No. 60 (54, 42; Hoernle 16 a).

[1] *Erapato nâgarâjâ*

[2] *Bhagavato vadate.*

Der Schlangenkönig Airâvata verehrt den Erhabenen.

No. 61 (54, 43; Hoernle 20).

Bahuhathiko.

Der (Feigenbaum) Bahuhastika[2].

No. 62 (54, 44; Hoernle 19 a).

[1] *Bahuhathiko nigodho*

[2] *Naḍode.*

Der Feigenbaum Bahuhastika auf (dem Berge) Naḍoda[3].

No. 63 (54, 45; Hoernle 19 b).

[1] *Susupâlo Koḍâyo*

[2] *Veḍuko a-*

[3] *râmako.*

Śiśupâla der Koḍya[4]. Der Gärtner Veḍuka[5].

No. 64 (54. 48. 49).

[1] *Chekulana-Saghamitasa thabho dânaṃ*

[2] *bhagavato Kasapasa bodhi.*

Ein Pfeiler, den *bodhi* (-Baum) des erhabenen Kâśyapa (darstellend), die Gabe des Saṃghamitra aus Chikulana[6].

No. 65 (54, 50).

Nâgaye bhichhuniye dânaṃ.

Die Gabe der *bhikshuṇî* Nâgâ.

No. 66 (54, 51).

Bhadaṃta-Valakasa bhanakasa dâna thabho.

Ein Pfeiler, die Gabe des ehrwürdigen Valaka, eines Predigers.

No. 67 (54, 52).

[1] *Karahakaṭa*

[2] *aya-Bhutakasa thabho dânaṃ.*

Ein Pfeiler, die Gabe des ehrwürdigen Bhûtaka (aus) Karahakaṭa.

1) Dieser König der *Nâgas* heisst bei den Buddhisten gewöhnlich *Erâvaṇa*, im Chullavagga (V, 6) *Erâpatha*.

2) *Bahavo hastino yatra saḥ*, „bei dem sich viele Elephanten aufhalten". Siehe die Anmerkung zu No. 156.

3) Siehe No. 18, 19 und Seite 60.

4) Wahrscheinlich ist *Koḍiyo* zu lesen; über *Koḍya* siehe die Anmerkung zu No. 28.

5) Siehe No. 18.

6) *Chekulana* = *Chikulaniya*, No. 88.

No. 68 (54, 54).

Tikoṭiko chakamo.
Die Wandelbahn Trikoṭika[1].

No. 69 (54, 55).

Bhadata-Mahilasa thabho dânaṃ.
Ein Pfeiler, die Gabe des ehrwürdigen Mahila.

No. 70 (54, 56).

Karahakaṭ[â] Samikasa dâna thabho.
Ein Pfeiler, die Gabe des Śyâmaka aus Karahakaṭa.

No. 71 (54, 57).

Bhadata-Samakasa thabho dânaṃ.
Ein Pfeiler, die Gabe des ehrwürdigen Śyâmaka.

No. 72 (54, 58).

Yavamajhakiyaṃ jâtakaṃ.
Das *jâtaka* vom *yavamadhyaka*[2].

No. 73 (54, 59).

Sirimâ devata.
Die Göttin Śrîmatî.

No. 74 (54, 60).

Suchilomo yakho.
Der *yaksha* Śuchiloma.

No. 75 (54, 61).

[1] . . . . . *to bhikhuniyâ thabho*
[2] *dânaṃ.*
Ein Pfeiler, die Gabe der *bhikshuṇî* . . . . .

No. 76 (54, 62; Hoernle 24).

Bhadatasa aya-Isipâlitasa bhânakasa navakamikasa dânaṃ.
Die Gabe des ehrwürdigen Herrn Ṛishipâlita, eines Predigers, welcher den Neubau leitet[3].

No. 77 (54, 63; Hoernle 22).

Ajâtasata Bhagavato vaṃdate.
Ajâtaśatru verehrt den Erhabenen.

No. 78 (54, 64; Hoernle 25 a).

[1] *Sudhammâ devasabhâ*
[2] *Bhagavato chûḍâmaho.*
Sudharmâ, die Versammlungshalle der Götter.
Das Fest (zu Ehren) der Harlocke des Erhabenen.

---

1) *Tisraḥ koṭayo yasya saḥ*, „dreispitzig, dreieckig". Siehe die Abbildung.
2) Name einer Art des *chândrâyaṇa*.
3) Ueber *navakammika* siehe Vinaya Texts, III, 189 ff. Vgl. auch *kamaṃtika*, Ind. Ant. XIV, 334.

No. 79 (54, 65; Hoernle 25 b).

[1] *Vejayaṃto pâ-*

[2] *sâde*[1].

Der Palast Vaijayanta.

No. 80 (54, 66; Hoernle 23).

Mahâsâmâyikâya Arahaguto devaputo vokato Bhagavato[2] *sâsani*[3] *paṭisaṃdhi.*

Der herabgestiegene Engel Arhadgupta[4] verkündet der grossen Versammlung die (bevorstehende) Empfängniss des Erhabenen[5].

No. 81 (54, 67. 68).

[1] *Moragirimha Nâgilâyâ bhikhuniyâ dânaṃ thabhâ*

[2] *bhagavato Vipasino bodhi.*

Pfeiler, den *bodhi* (-Baum) des erhabenen Vipaśyin (darstellend), die Gabe der *bhikshuṇî* Nâgilâ[6] aus Mayûragiri[7].

No. 82 (54, 69).

Vedisâ Phagudevasa dânaṃ.

Die Gabe des Phalgudeva aus Vaidiśa.

No. 83 (54, 71).

Purikâya dâyakana dânaṃ.

Die Gabe der Geber aus Purikâ[8].

No. 84 (54, 72).

Bhagavato Kakusadhasa bodhi.

Der *bodhi* (-Baum) des erhabenen Kakutsaṃdha.

---

1) Wahrscheinlich nur Schreibfehler für *do*.

2) Sieht fast wie *tâ* aus.

3) Lies *ti*.

4) Siehe Seite 60.

5) Vgl. Jâtaka ed. Fausböll, I, p. 48: „Wenn nach Verlauf eines Jahrtausends ein allwissender Buddha in der Welt geboren werden soll, dann wandern die welthütenden Engel umher und verkündigen laut: „„Ihr Herren, nach Verlauf eines Jahrtausends von jetzt an wird ein Buddha in der Welt geboren werden““.

6) Zur Bildung dieses Wortes siehe Pâṇini, V, 3, 84 und Am. In. No. 5, Anm. 2, und vgl. ferner *Ghâṭila* (No. 138), *Mahila* (No. 69), *Saghila* (No. 123) und *Yakhila* (No. 126).

7) Mit *Moragiri* vgl. *Mayûraparvata*, eine in einem Citat des Charaṇavyûhabhâshya erwähnte Oertlichkeit; Bühler, Einleitung zur Uebersetzung des Âpastamba, p. XXXI, note; Schröder, Einleitung zur Maitrâyaṇî Saṃhitâ, p. XXIV.

8) Derselbe Ortsname kommt in No. 117, 118 und 119 vor. Ueber eine im Epos genannte Stadt *Purikâ* siehe Böhtlingk-Roth, s. v. *Purî* war die Hauptstadt des Koṅkaṇ unter den Śilâhâras; siehe Ind. Ant. XIII, 134. Ferner ist *Purî* = Jagannâth in Orissa.

No. 85 (54, 73. 74).

[1] *Vedisâ Anurâdhâya dânaṃ*
[2] *chhadaṃtiya jâtakaṃ.*

Das *jâtaka* vom *shaḍḍanta* (-Elephanten), die Gabe der Anurâdhâ aus Vaidiśa.

No. 86 (54, 75; Hoernle 26).

Vitura-Punakiya jatakaṃ.

Das *jâtaka* von Vidhura und Pûrṇaka.

No. 87 (54, 76).

Bramhadevo mânavako.

Der Jüngling Brahmadeva.

No. 88 (54, 77).

Bhadata-Kanakasa bhanakasa thabho dânaṃ Chikulaniyasa.

Ein Pfeiler, die Gabe des ehrwürdigen Kanaka, eines Predigers aus Chikulana.

No. 89 (54, 78).

Yakhini Sudasana.

Die *yakshiṇî* Sudarśanâ.

No. 90 (55, 80).

[1] *Bhadata-Budharakhitasa sa[tu]padâ[na]-*
[2] *sa dânaṃ thabho.*

Ein Pfeiler, die Gabe des ehrwürdigen Buddharakshita, der mit den Wissenschaften vertraut ist(?).

No. 91 (55, 81).

Chadâ yakhi.

Die *yakshî* Chandrâ.

No. 92 (55, 82).

Kupiro yakho.

Der *yaksha* Kubera.

No. 93 (55, 83).

Ajakâlako yakho.

Der *yaksha* Âdyakâlaka.

No. 94 (55, 84).

Moragirimhâ Pusâyâ dânaṃ thabhâ.

Pfeiler, die Gabe der Pushyâ aus Mayûragiri.

No. 95 (55, 85).

[1] *Aya-Chulasa sutaṃtikasa Bhogavaḍha-*
[2] *niyasa dânaṃ.*

Die Gabe des ehrwürdigen Kshudra, eines Kenners des *sûtrânta* [1], aus Bhogavardhana.

---

1) Ueber *suttantika* siehe Vinaya Texts, I, XXX, über die Schule der *Sautrântikas* Kern-Jacobi, Buddhismus, II, 504.

No. 96 (55, 86).

Moragirimhâ Thupadâsasa dânaṃ thabhâ.

Pfeiler, die Gabe des Stûpadâsa aus Mayûragiri.

No. 97 (55, 88).

[1] *Maharasa aṃtevâsino aya-Śâma-*

[2] *kasa thabho dânaṃ.*

Ein Pfeiler, die Gabe des ehrwürdigen Śyâmaka, eines Schülers des Mahara.

No. 98 (55, 89).

Bhagavato okraṃti[1].

Die Herabkunft des Erhabenen.

No. 99 (55, 92).

Idasâla guha.

Die Höhle Indraśâlâ[2].

No. 100 (55, 2).

Pâṭaliputâ Koḍiyâniyâ Śakaṭadevâyâ dânaṃ.

Die Gabe der Śakaṭadevâ, einer Koḍyânî aus Pâṭaliputra.

No. 101 (55, 3).

Kâkaṃdiya Somâya bhichhuniya dânaṃ.

Die Gabe der *bhikshuṇî* Somâ aus Kâkandî[3].

No. 102 (55, 4).

Pâṭaliputâ Mahidasenasa dânaṃ.

Die Gabe des Mahendrasena aus Pâṭaliputra.

No. 103 (55, 5).

Chudaṭhilikâyâ Nâgadevâyâ bhikhuniyi[4] [*dânaṃ*]

Die Gabe der *bhikshuṇî* Nâgadevâ, einer Chudaṭhilikâ.

No. 104 (55, 6).

Chudaṭhilikâyâ Kujarâyâ dânaṃ.

Die Gabe der Kuñjarâ, einer Chudaṭhilikâ.

No. 105 (55, 7).

Dha[ṃ]maguta-matu Pusadevaya dânaṃ.

Die Gabe der Pushyadevâ, der Mutter des Dharmagupta.

No. 106 (55, 8).

[*U*]*jhikâye dâna.*

Die Gabe der Ujjhikâ.

---

1) Der erste Buchstabe dieses Wortes sieht wie *û* aus, das aber lautlich unmöglich ist.

2) Siehe Beal, Buddhist Records of the Western World, I, LVIII. II, 180.

3) *Kâkandî* wird in der Paṭṭâvali des Kharataragachha erwähnt; s. Klatt im Ind. Ant. XI, 247.

4) Lies *yâ*.

No. 107 (55, 9).
[Dha]marakhitaya dâna suchi.
Ein Querbalken, die Gabe der Dharmarakshitâ.

No. 108 (55, 10).
Atimutasa danaṃ.
Die Gabe des Atimukta.

No. 109 (55, 11).
Laṭuvâ-jâtaka.
Das *jâtaka* von der *laṭvâ*.

No. 110 (55, 12).
Nadutaraya dâna suchi.
Ein Querbalken, die Gabe der Nandottarâ.

No. 111 (55, 13).
[Mu]ḍasa dânaṃ.
Die Gabe des Muṇḍa.

No. 112 (55, 14).
Isânasa dâna.
Die Gabe des Îśâna.

No. 113 (55, 15).
Isidatasa dânaṃ.
Die Gabe des Ṛishidatta.

No. 114 (55, 16).
Aya-Punâvasuno suchi dânaṃ.
Ein Querbalken, die Gabe des ehrwürdigen Punarvasu.

No. 115 (55, 19).
Devarakhitasa dânaṃ.
Die Gabe des Devarakshita.

No. 116 (55, 20).
Vedisâto Bhutarakhitasa dânaṃ.
Die Gabe des Bhûtarakshita aus Vaidiśa.

No. 117 (56, 22).
Purikayâ Idadevâya dânaṃ.
Die Gabe der Indradevâ aus Purikâ.

No. 118 (56, 23).
Purikâyâ Seṭaka-mâtu dânaṃ.
Die Gabe der Mutter des Śreshṭhaka[1] aus Purikâ.

No. 119 (56, 24).
Purikâyâ Sâmâya dânaṃ.
Die Gabe der Śyâmâ aus Purikâ.

---

1) Zum Verlust der Aspiration vgl. *Asaḍâ* = *Ashâḍhâ* (No. 9), *Viruḍaka* = *Virûḍhaka* (No. 43), *Vitura* = *Vidhura* (No. 86) und Kuhn, S. 41.

No. 120 (56, 25).
Budharakhitâye dânaṃ bhichhuniye.
Die Gabe der *bhikshuṇî* Buddharakshitâ.

No. 121 (56, 26).
Bhutaye bhichhuniye dânaṃ.
Die Gabe der *bhikshuṇî* Bhûtâ.

No. 122 (56, 27).
Aya-Apikinakasa dânaṃ.
Die Gabe des ehrwürdigen Apikinaka[1].

No. 123 (56, 28).
Saghilasa dâna suchi.
Ein Querbalken, die Gabe des Saṃghila.

No. 124 (56, 29).
Sagharakhitasa mâtâpituna aṭhâyâ dânaṃ.
Die Gabe des Saṃgharakshita zum Heile seiner Eltern.

No. 125 (56, 30).
Dhutasa suchi dâno[2].
Ein Querbalken, die Gabe des Dhûrta.

No. 126 (56, 31).
Yakhilasa suchi dâna.
Ein Querbalken, die Gabe des Yakshila.

No. 127 (56, 32).
Mitasa suchi dânaṃ.
Ein Querbalken, die Gabe des Mitra.

No. 128 (56, 33).
Isirakhitasa dânaṃ.
Die Gabe des Ṛishirakshita.

No. 129 (56, 34).
Sirimasa dânaṃ.
Die Gabe des Śrîmat.

No. 130 (56, 35).
Bhaduta-Devasenasa donaṃ[3].
Die Gabe des ehrwürdigen Devasena.

No. 131 (56, 36).
. . . . . *kaya bhichhuniya dânaṃ.*
Die Gabe der *bhikshuṇî* . . . . .

---

1) Vgl. *Aṃpikiṇaka* in einer Bhâjâ-Inschrift (ASWI. IV, 82, 3).

2) Masculinum!

3) Das *o* ist wahrscheinlich der Ausdruck einer dumpferen Aussprache des *â*.

No. 132 (56, 37).

N[aṃ]d[a]nagarikaya Idadevâya dânaṃ.

Die Gabe der I n d r a d e v â aus N a n d[a] n a g a r a.

No. 133 (56, 40).

Jeṭhabhadrasa dânaṃ.

Die Gabe des J y e s h ṭ h a b h a d r a.

No. 134 (56, 41).

Aya-Jâtasa peṭakino suchi dânaṃ.

Ein Querbalken, die Gabe des ehrwürdigen J â t a, eines Kenners der *piṭakas.*

No. 135 (56, 42).

Budharakhitasa rupakârakasa dânaṃ.

Die Gabe des Bildhauers B u d d h a r a k s h i t a.

No. 136 (56, 43).

Bhadata-Samikasa Therâk[û]ṭiyasa dânaṃ.

Die Gabe des ehrwürdigen Ś y â m a k a aus S t h a v i r â k û ṭ a.

No. 137 (56, 44).

Sirisapada Isirakhitâya dânaṃ.

Die Gabe der Ṛ i s h i r a k s h i t â (aus) Ś i r î s h a p a d r a[1].

No. 138 (56, 45).

Moragirimâ[2] *Ghâṭila-matu dânaṃ.*

Die Gabe der Mutter des G h â ṭ i l a aus M a y û r a g i r i.

No. 139 (56, 47).

Samidatâya dânaṃ.

Die Gabe der S v â m i d a t t â.

No. 140 (56, 48).

Chulanasa dânaṃ.

Die Gabe des C h u l a n a[3].

No. 141 (56, 49).

Avisanasa dânaṃ.

Die Gabe des A v i s a n a[4].

No. 142 (56, 50).

[A]visanasa dânaṃ.

Die Gabe des A v i s a n a.

---

1) Ein Dorf *Śirîshapadraka* kommt in zwei Inschriften der Gurjara-Dynastie vor; siehe Ind. Ant. XIII, 82. 88. Ein ähnlicher Name ist *Sâmalipada* = *Śâlmalipadra* in einer Nâsik-Inschrift (ASWI. IV, 111).

2) *mâ* ist entweder nur nachlässige Schreibung für *mhâ* oder steht für aus letzterem assimilirtes *mmâ*. Vgl. *vañchitammi* = *vañchitâsmi*, Jâtaka, I, p. 287, und *paṇṇikâ* = *pârshṇikâ*, ebenda, p. 445.

3) Dieses Wort ist eine Weiterbildung von *Chulla* = *Kshudra*. Vgl. *Dhamanaka*, *Nâkaṇaka*, *Pusaṇaka*, *Râmaṇaka*, *Usabhaṇaka* und *Vasulaṇaka* in den Höhlen-Inschriften.

4) Vgl. *âvesani* in der Jaggayyapeṭṭâ-Inschrift, welches Professor Bühler durch „manufacturer" übersetzt; Ind. Ant. XI, 258.

No. 143 (56, 51).

Sa[ṃ]ghamitasa bodhichakasa dânaṃ.

Die Gabe eines *bodhichakra* von Saṃghamitra.

No. 144 (56, 52).

Budharakhitasa pachanekâyikasa dânaṃ.

Die Gabe des Buddharakshita, eines Kenners der fünf *nikâyas* [1].

No. 145 (56, 53).

Isirakhita[2]*sa suchi danaṃ.*

Ein Querbalken, die Gabe des Ṛishirakshita.

No. 146 (56, 55).

Phaguḍevâye bhichhuniye dânaṃ.

Die Gabe der *bhikshuṇî* Phalgudevâ.

No. 147 (56, 56).

Koḍâya yakhiyâ dânaṃ.

Die Gabe einer *yakshî* von Kroḍâ [3].

No. 148 (56, 57).

Ghosâye dânaṃ.

Die Gabe der Ghoshâ.

No. 149 (56, 59).

Seriyâ putasa Bhâranidevasa dânaṃ.

Die Gabe des Bharaṇideva, des Sohnes der Śrî.

No. 150 (56, 60).

Mitadevâye dânaṃ.

Die Gabe der Mitradevâ.

No. 151.

Auf demselben Querbalken, wie die gleichlautende Inschrift No. 112, jedoch in jüngeren Buchstaben.

Isânasa dâna.

Die Gabe des Îśâna.

No. 152.

Auf Querbalken 8, Tafel XXXVIII, 3; stark beschädigt.

Bo[dhigu]tasa dânaṃ.

Die Gabe des Bodhigupta.

No. 153.

Auf Querbalken 12, Tafel XXIV, 3.

. . . . . *Himavate i* . . . . .

---

1) Vgl. *nekâyiko* bei Childers.

2) Sieht wie *tâ* aus.

3) Vgl. *Koḍi* in einer Kârle-Inschrift (ASWI. IV, 91, 16) und *Koḍa* in einer Sopârâ-Inschrift (Pandit Bhagvanlal Indraji, Sopârâ and Padaṇa, p. 18). Das Wort *dânaṃ* ist mit einem objectiven und einem subjectiven Genetiv verbunden, wie in No. 143; siehe Pâṇ. II, 3, 65.

No. 154.

Auf Pfeiler 28, Tafel XIX; unlesbar bis auf die letzten Silben.

. . . . [*m*]*ika*[*sa dânaṃ*].

No. 155 (55, 97).

Diese Inschrift ist nicht nach Calcutta transportirt, aber von General Cunningham photographirt worden (Tafel 26, No. 8). Der gelehrte Priester Subhûti hat das zugehörige Relief mit dem *Aṇḍabhûtajâtaka* identificirt. Von beträchtlichem Interesse ist, dass in der Inschrift der Anfang der zu dem Aṇḍabhûtajâtaka gehörigen, dem Bodhisattu in den Mund gelegten Strophe citirt wird.

Yaṃ bram[*h*]*ano avayesi jatakaṃ*.

Das *jâtaka* „*yaṃ brâhmaṇo avâdesi*“ [1].

No. 156 (56, 66).

Diese Inschrift ist weder nach Calcutta transportirt noch photographirt worden, lässt sich jedoch nach General Cunningham's *eye-copy* mit einiger Wahrscheinlichkeit wieder herstellen.

General Cunningham's Lesung und Bemerkung (p. 142) lauten: „*Tiranuti Migila Kuchimha Vasu Guto Machito Mahadevanam*.

This is inscribed on the Rail which bears the bas-relief of the great fish swallowing two boats and their crews. *Machito* therefore may have reference to the fish (see Plate XXXIV, fig. 2)“.

Die *eye-copy* liest:

„*Tirami timigilakuchhimha Vasuguto mâchito Mahadevânaṃ*“.

Vermuthlich ist zu lesen und zu übersetzen:

Tiramhi timiṃgila-kuchhimhâ Vasuguto mochito Mahâdevena.

V a s u g u p t a, von M a h â d e v a [2] aus dem Bauche des Seeungeheuers ans Ufer gerettet.

Nachtrag.

Der auf Seite 26 f. dem Dr. Râjendralâla Mitra gemachte Vorwurf ist unbegründet und erklärt sich daraus, dass in dem damals von mir benutzten Exemplar des J. As. Soc. Bengal die zugehörigen Tafeln fehlten. Die Inschrift, auf welche sich Dr. R. Mitra's Bemerkungen beziehen (Tafel I, No. II), ist von der Inschrift A verschieden.

1) Jâtaka ed. Fausböll, I, p. 293.

2) Unter *Mahâdeva* ist wahrscheinlich der *Mahâsatta* oder *Bodhisatta* zu verstehen. Vgl. Tafel 56, No. 19: *[Ba]huhathika âsana [bhaga]vato Mahâdevasa*; „der Sitz des erhabenen *Mahâdeva* (unter dem Feigenbaum) *Bahuhastika*“.

Wortverzeichniss zu den Bharhut-Inschriften[1].

Aboda (Arbuda) 5.
achharâ (apsaras) 51—54.
Âgaraju (Aṅgâradyut) 1.
Ajakâlaka (Âdya°) 93.
Ajâtasata (°śatru) 77.
Alambusâ (Alambushâ) 54.
aṃtevâsin (ante°) 97.
Anâdhapeḍika (Anâthapiṇḍika) 38.
Anurâdhâ 85.
anusâsati (°śâsti) 4.
Apikinaka 122.
Arahaguta (Arhadgupta) 80. S. 60.
arâmaka (ârâmika) 63.
asachârika (aśva°) 36.
Asaḍâ (Ashâḍhâ) 9.
aṭha (artha) 124.
Atimuta (°mukta) 108.
avayesi (3. *p. s. ao. von* vâdayati) 155.
Avisana 141. 142.
aya (ârya) 2. 23. 25. 26. 45. 67. 76. 95. 97. 114. 122. 134.

Badhika (Bodhikâ?) 27.
Bahuhathika (°hastika) 61. 62.
bhadaṃta (bhadanta) 23. 66.
bhadata (dgl.) 69. 71. 76. 88. 90. 130. 136.
bhagavat 24. 30. 46. 57. 60. 64. 77. 78. 80. 81. 84. 98.
bhanaka (bhâṇaka) 66. 88.
bhânaka (dgl.) 45. 76.
Bhâranideva (Bharaṇî°) 149.
bhâriyâ (bhâryâ) 22.
bhichhuni (bhikshuṇî) 27. 31. 65. 101. 120. 121. 131. 146.
bhikhuni (dgl.) 29. 75. 81. 103.
bhisaharaniya (*von* bisaharaṇa) 17.
Bhogavaḍhaniya (*von* °vardhana) 95.
Bhojakaṭa-ka S. 59.
Bhojakaṭa-kâ 31.
Bhuta (Bhûtâ) 121.
Bhutaka (Bhû°) 67.
Bhutarakhita (Bhûtarakshita) 23. 116.
Bib[i]k[â]nadikaṭa (Bimbikânandi°?) 33.
Bibikanadikaṭa (dgl.) 36.
biḍala (biḍâla) 7.
bodha 46.
bodhi 24. 30. 64. 81. 84.
bodhichaka (°kra) 143.
Bo[dhigu]ta (°gupta) 152.
Brambadeva (Brahma°) 87.
bram[h]ana (brâhmaṇa) 155.
Budharakhita (Buddharakshita) 90. 135. 144.
Budharakhitâ (Buddharakshitâ) 120.
Budhi (Buddhi) 33.

cha 1.
Chadâ (Chandrâ) 91.
chakama (chaṅkrama) 8. 68.
Chakavâka (Chakra°) 42.
Châpadevâ 22.
châtiya (chaitya) 5.
Chekulana (*von* Chi°) 64.
Chenachhaka (?) S. 60.
chetaya (chaitya) 11.
chha (shash) 49.
chhadaṃtiya (*von* shaḍdanta) 85.
Chikulaniya (*von* Chikulana) 88.
Chitupâda (Chitrotpâtâ) 21.
chûḍâmaha 78.
Chudaṭhilikâ 29. 103. 104.
Chula (Kshudra) 95.
Chulakokâ (Kshudra°) 26.
Chulana (*von* Kshudra) 140.

Dabhinikâ (Dârbhiṇikâ?) 27.
Daḍanikama (Daṇḍanishkrama?) 8.

---

1) Die Zahlen verweisen auf die No. der Inschriften, S. 62 f. auf die Seite 59 f. des vorstehenden Aufsatzes verzeichneten Wörter, welche General Cunningham's *eye-copies* entnommen sind.

dakhina (dakshiṇa) 49.
dana (dâna) 108. 145.
dâna 2 u. s. w. Masc. 125.
dâyaka 83.
deti (dadâti) 38.
deva 50.
devaputa (°tra) 80. S. 60.
Devarakhita (°rakshita) 115.
devasabhâ 78.
Devasena 130.
devata (°tâ) 47. 73. S. 60.
devatâ 26.
devi (devî) 20.
dhamachaka (dharmachakra) 57.
Dhamaguta (Dharmagupta) 35.
Dhamarakhita (Dharmarakshita) 41.
[Dha]marakhita (Dharmarakshitâ) 107.
Dha[ṃ]maguta (Dharmagupta) 105.
Dhanabhûti 1. S. 60.
dhitu (*Gen. von* duhitṛi) 27.
Dhuta (Dhûrta) 125.
Diganaga (Diṅnâgâ) 31.
Dighatapasi (Dîrghatapasvin) 4.
disa (*Acc. von* diś) 47—49.
dohati 18.
dona (dâna) 130.

Erapata (Airâvata) 59. 60.

Gâgî (Gârgî) 1.
gahapati (gṛiha°) 33.
gahuta (gṛihîta) 6.
Ga[ṃ]dhakuṭi (Gandhakuṭî) 40.
Gaṃgita 44.
Ghâṭila 138.
Ghosâ (Ghoshâ) 148.
Gorakhita (°kshita) 25.
Goti (Gauptî) 1.
guha (guhâ) 99.

Himavata (°vat) 153.

Idadevâ (Indra°) 117. 132.
Idasâla (Indraśâlâ) 99.
Isâna (Îśâna) 112. 151.
isi (ṛishi) 10.
Isidata (Ṛishidatta) 113.
Isidina (dgl.) 45.
Isipâlita (Ṛishi°) 76.
Isirakhita (Ṛishirakshita) 128. 145.
Isirakhitâ (Ṛishirakshitâ) 137.

jabû (jambû) 19.
Janaka 20.
Jâta 134.
jataka (jâ°) 3. 6. 7. 10. 14. 15. 17. 86. 155.
jâtaka 12. 32. 37. 72. 85. 109.
jaṭila 13.
Jetavana 38.
Jeṭhabhadra (Jyeshṭha°) 133.

Kâkaṃdi (Kâkandî) 101.
Kakusadha (Kakutsaṃdha) 84.
Kâmâvachara 49.
Ka[ṃ]ḍariki (Kaṇḍarîki) 55.
kaṃmaṃta (karmânta) 1.
Kanaka 88.
Karahakaṭa 16. 67. 70. S. 59.
kârita 1.
Kasapa (Kâśyapa) 64.
katha (kâshṭha *oder* kvâtha?) 18.
ketâ (*Nom. von* kretṛi) 38.
Khujatidukiya (*von* Kubjatinduka?) 23.
kinara (kiṃnara) 12.
Koḍâ (Kroḍâ) 147.
Koḍâya (Koḍya?) 63.
Koḍiyâni (Koḍyânî?) 28. 100.
Konâgamana (Koṇâ°) 30.
Kosabeyekâ (*von* Kauśâmbî) S. 59.
Kosala 58.
Kosa[ṃ]bakuṭi (Kauśâmbakuṭî) 39.
koṭi 38.
kuchhi (kukshi) 156.
Kujarâ (Kuñjarâ) 104.
kukuṭa (kukkuṭa) 7.
Kupira (Kubera) 92.

laṭuvâ (laṭvâ) 109.

Maghâdeviya (*von* Makhâdeva) 3.
Mahadeva (Mahâ°) 156.
Mahakoka (Mahâkokâ) S. 60.
Mahamukhi (Mahâ°) 27.
Mahara 97.
mahâsâmâyikâ (*von* mahat *und* sâmâjika) 80.
Mahîdasena (Mahendra°) 102.
Mahila 69.
mâṇavaka (mâṇa°) 87.
mâtâpituna (mâtâpitroḥ) 124.
matu (*Gen. von* mâtṛi) 105. 138.
mâtu (dgl.) 118.
miga (mṛiga) 10. 11. 37.
Misakesi (Miśrakeśî) 51.
Mita (Mitra) 127.
Mitadevâ (Mitra°) 150.
m[o]chita 156
Moragiri (Mayûra°) 81. 94. 96. 138. S. 59.
[Mu]ḍa (Muṇḍa) 111.

Naḍoda 18. 19. 62. S. 60.
Nadutara (Nandottarâ) 110.
nâga 32.
Nâga (Nâgâ) 65.
Nâgadeva 2.
Nâgadevâ 103.
nâgarâjâ 42. 60.
[nâ]garajâ (dgl.) 59.
Nâgarakhitâ (°rakshitâ) S. 60.
Nâgasenâ 28.
Nâgilâ 81.
N[aṃ]d[a]nagarik[â] (*von* Nand[a]-nagara) 132.
Nâsika S. 59.
ñati (jñâtrî?) 9.
navakamika (*von* navakarman) 76.
nigama 16.
nigodha (nyagrodha) 62.

okraṃti (avakrânti) 98.

pachanekâyika (*von* pañchanikâya) 144.
pâda S. 60.
Padumâvati (Padmâvatî) 53.
Paṃthaka 26.
pâsâda (prâ°) 79.
Pasenaji (Prasenajit) 58.
Pâṭaliputa (°putra) 28. 100. 102.
paṭhama (prathama) 22.
paṭisaṃdhi (prati°) 80.
pauta (pautra) 1.
pavata (parvata) 18. 19.
peṭakin (*von* piṭaka) 134.
Phagudeva (Phalgu°) 82.
Phagudevâ (Phalgu°) 146.
Punâvasu (Punarvasu) 114.
purathima (*von* purastât) 47.
Purikâ 83. 117—119.
Pusa (Pushya) 37.
Pusâ (Pushyâ) 94.
Pusadeva (Pushyadevâ) 105.
puta (putra) 1. 149.

raja (râjya) 1.
râjan 1. 20. 58.
Revatimita (Revatimitra) 22.
rupakâraka (rûpa°) 135.

sabhâ 13.
Sabhad[â] (Subhadrâ) 52.
sâḍika (śâṭaka *oder* śâṭikâ) 50.
Saghamita (Saṃghamitra) 64.
Sagharakhita (Saṃgharakshita) 124.
Saghila (Saṃghila) 123.
sahasa (sahasra) 49.
Sakamuni (Śâkya°) 46.
Sakaṭadevâ (Śa°) 100.
sâla (śâla) 24.
Sâmâ (Śyâmâ) 119.
samadaka (saṃmâdaka) 11.
Samaka (Śyâmaka) 71.
Sâmaka (dgl.) 97.
Samanâ (Śramaṇâ) 29.
Sa[ṃ]ghamita (°mitra) 143.
Samidatâ (Svâmidattâ) 139.
Samika (Śyâmaka) 70. 136.
saṃmada 50.
saṃthata (saṃstṛita) 38.
sâsati (śâsti) 80.
sa[ṭu]padâ[na] (śâstropâdâna?) 90.

[sa]vata (saṃvṛita?) 48.
sechha (śaiksha) 15.
Selapuraka (*von* Śailapura) S. 59.
Seri (Śrî) 149.
Seṭaka (Śreshṭhaka) 118.
sigâla (sṛigâla) 9.
sila (śilâ) 21.
silâ (dgl.) 1.
Sirima (Srimat) 129.
Sirimâ (Śrîmatî) 73.
Sirisapada (Śirishapadra) 137.
sisa (śishya) 4.
sisa (śîrshan?) 48.
Sivala (Śivalâ) 20.
Somâ 101.
suchi (sûchi) 107. 110. 114. 123. 125—127. 134. 145.
Suchiloma (Śu⁰) 74.
Sudasana (Sudarśanâ) 89.
Sudhaṃmâ (Sudharmâ) 78.
Sudhâvâsa (Śuddhâ⁰) 47.
Suga (Śuṅga) 1.
Sujata (Sujâta) 6.
Suladha (Sulabdha) 36.
Supâvasa (Suprâvṛisha?) 34.
susâna (śmaśâna) 9.
Susupâla (Śiśu⁰) 63.
sutaṃtika (sautrântika) 95.

thabha (stambha) 22. 25. 35. 64. 66. 67. 69—71. 75. 81. 88. 90. 94. 96. 97.
thaṃbha (dgl.) 26. 37.
Therâk[û]ṭiya (*von* Sthavirâkûṭa) 136.
Thupadâsa (Stûpa⁰) 96.
Tikoṭika (Tri⁰) 68.
timigila (timiṃgila) 156.
[tini] (triṇi) 48.
tira (tîra) 156.
toraṇa 1.
tura (tûrya) 50.

uda (udra) 14.
[U]jhikâ (Ujjhikâ) 106.
upadâna (upâ⁰) *s.* saṭupadâna.
upaṃna (utpanna) 1.
utara (uttara) 48.

Vâchhi (Vâtsî) 1.
vadate (vandate) 60.
Vâdhapâla (Vyâdha⁰) S. 60.
vadhu (vadhû) 9.
Valaka 66.
vaṃdate (vandate) 77.
Vasuguta (⁰gupta) 156.
Vedisa (Vaidiśa) 22. 82. 85. 116. S. 59.
Veḍuka 18. 63.
Vejayaṃta (Vaijayanta) 79.
Vesabhu (Viśvabhû) 24.
vijâdhara (vidyâ⁰) 56.
Vijapi (Vijayin?) 56.
Vipasin (Vipaśyin) 81.
V[i]ruḍaka (Virûḍhaka) 43.
Visadeva (Viśva⁰) 1.
Vitura-Punakiya (*von* Vidhura *und* Pûrṇaka) 86.
vokata (avakrânta) 80.

yakha (yaksha) 34. 43. 44. 74. 92. 93.
yakhi (yakshî) 91. 147.
Yakhila (Yakshila) 126.
yakhini (yakshiṇî) 89.
yaṃ (yad) 155.
yavamajhakiya (*von* yavamadhyaka) 72.

Berichtigungen.

Seite 23, No. 365, lies Ârya⁰.
" " " 369, " Achârâṅga⁰.
" 28, Zeile 5, lies **Chûḍâpallikâ**.
" 30, " 1 v. u., lies **पतिठितो**.